대화의 대화

KB064171

대화의 대화

우리의 대화는 불가능하다

요조
〈대화의 대화〉 구성원 함께 씀

중림
서재

서문
우리의 대화는 불가능하다

내 입으로 책 읽는 일의 재미를 말하면서 그런 말이 듣는 이에게 얼마나 재미없게 들릴지 가끔 생각한다. 심지어 나는 읽는 책의 종류에 따라 느끼는 재미도 조금씩 다른데, 이런 말은 또 얼마나 지루한 말이 될지 모르겠다. 그래도 그러한 이야기를 하기에 지금 이 자리만큼 적재적소는 없다고 여겨지기에, 서간집이나 인터뷰집이나 대담집처럼 '대화'가 근간인 책을 읽을 때 느끼는 독특한 재미에 대해서 조금만 말해보고자 한다.

나는 대화로 이루어진 책을 펼칠 때마다 일단 운이 좋다고 생각한다. 대화가 가시화된 순간을 목격하게 되어 운이 좋다고 느끼는 것이다. 금방 휘발될 운명인 대화가 용케 책에 담겼기에 말 한 마디 한 마디를 다행스러운 마음으로 보게 된다. 흐지부지 사라질 수도 있는 말들이 재빠르고 꼼꼼한 저자와 편집자 덕분에 이렇게 종이 위에 포착되어 책이 됐구나, 하는 안도가 읽는 내내 잔잔하게 마음에 깔린다.

그런가 하면 대화로 이루어진 글은 내달리듯 읽을 수 있어서 좋다. 평소 읽는 속도가 느려서 불만인 나는 대화를 읽을 때면 달릴 때 맛본 적 있는 순풍의 효과를 느낀다. 정말이지 아무리 어려운 내용이라도 대화라는 방식을 채택하면 이해를 하든 못하든 어쩜 이렇게 술술 읽히는 것인지. 나는 대화로 이루어진 책 앞에서는 용감무쌍해지고, 무모해지고, 자주 (내용을 다 이해한다고) 착각한다.

대화로 된 글에는 길들여지지 않은 느낌과 길들여진 느낌이 공존한다. 마치 '잠깐' 얌전해진 동물 같다. 그래서 나는 그 동물을 한번 쓰다듬어보려고 주춤주춤 다가가면서 재미있다고, 너무 재미있다고 생각한다.

이 책은 그런 대화 책을 읽고 나누는 대화 책이다. 고백하건대 처음에 '대화의 대화'라는 주제를 잡으며 혼자서 엄청 좋아했다. 앞서 말했듯 대화를 좋아하는데다, '대화의 대화' 같은 액자식(?) 유머 또한 참으로 웃기기 때문이다.

함께 대화를 나눌 동료들을 모집했다. 감사하게도 지원해주신 분이 많았다. 서로의 삶의 반경이 최대한 겹치지 않게 하려 노력하면서 다섯 명의 동료를 뽑았다. 세 명의 여성과 두 명의 남성. 그들의 직업은 각각 성교육가, 장학사, 전도사, 그리고 직장인과 (휴직 중인) 무직인이었고, 비혼자와 기혼자가 섞여 있었다. 우리는 한 달에 한 권씩 총 네 권의 책을 읽고 모였다. 만나는 자리에서는 책에 대한 대화를 느슨하고 자유롭게 나눴다. 소통에 대해, 젠더의식에 대해, 삶과 죽음에 대해, 예술에 대해 저마다 조금씩 다를 수밖에 없는 생각을 나눴다. 각자가 생각하는 바가 가슴 안에서만 머물지 않고 외부로 튀어나와 서로를 기쁘게, 웃기게, 답답하게, 갑자기 솔직해지게 했다. 책은 좋은 마중물이 되어주었다.

이 프로젝트를 시작하기 전 인터뷰 자리에서 '대화란 무엇이냐'는 질문을 들었다. 나는 '불가능'이라고 대답했다. 대화는 불가능한 것이다. 서로가 서로를 완벽하게 이해하는 일은 있을 수 없다. 이러한 불가능성이 만들어낸 말버릇도 있지 않은가. "내 말 뭔 말인지 알지."

말끝마다 "뭔 말인지 알지."를 붙이는 사람과 대화를 나누다 보면 좀 서글퍼진다. 응, 알지, 알지. 아무리 진심으로 대답해도 그 말은 거짓말이 된다.

아무리 노력해도 가능하지 않은 일을 반복하면 누구든 지친다. 그래서 우리는 누구보다 더욱 이해하고 싶었던 존재들, 이를테면 가족이나 부부, 연인, 가까운 친구 앞에서 가장 먼저 할 말을 잃어가는 것인지도 모른다.

사실 나는 대화의 불가능성에 일찍부터 압도당한 사람이다. 그런 탓에 나는 평소 말로써 표현하고 싶다는 생각을 못하고 침묵하는 때가 많다. 내가 하는 말은 분위기상, 직업상 하는 말이거나 상대방을 위해 어쩔 수 없이 하는 말인 경우도 많다. 그래서 나의 가족이나 애인들은 한결같이 내 침묵을 답답해하곤 했다. 이처럼 대화보다 침묵이 익숙한 나지만, 신기하게도 대화로 이루어진 책을 읽다 보면 입이 근질거리는 기분을 느낄 때가 있다. 진짜로 뭔가를 말하고 싶어서 입 주변이 막 간질

간질하다. 대화로 이루어진 책을 읽을 때 느끼는 재미에는 이런 것도 있는 것이다.

대화의 불가능성을 잠깐 동안이나마 즐길 수 있게 해준 동료들인 버들 님, 신서희 님, 심에스더 님, 조한진 님, 한오석 님께 감사하다. 우리가 함께 읽은 책들에게도 감사하다. 특히 첫 책으로 읽은 《유튜브는 책을 집어삼킬 것인가》의 두 저자 김성우, 엄기호 님과 신수진 편집자 님, 그리고 따비 출판사에 감사드리고 싶다. 높은 수준의 리터러시 용례를 배웠고, 과연 내가 실천할 수 있을 것인가 하는 부담 또한 이 책을 통해 배웠다. (그렇다. 좋은 책은 독자에게 부담을 준다.) 나는 네 달 동안의 모임이 특히 이 책에 큰 빚을 지고 있다고 생각한다.

우리의 대화의 순간마다 경청으로 함께 해주시고 중구난방으로 튀어나가는 이야기들을 읽기 좋게 정리해주신 맹준혁 편집자 님께 감사드린다. 좋은 프로젝트를 제안해주신 중림서재에도 감사드린다.

아까도 말했지만 〈대화의 대화〉라는 제목이 나는 참 웃기고 좋다. 혹시 당신이 이 책을 재미있게 읽어준다면, 그래서 이 책을 들고 다시금 독자들과 대화를 나누게 된다면 〈대화의 대화의 대화〉, 나아가 〈대화의 대화의 대화의 대화〉도 가능해질 것이다. 얼마나 웃기고 재미있을까. 이제부터는 그날을 꿈꾸어보겠다.

2024년 1월 요조

일러두기

· 본문에 실린 모임은 2023년 5월부터 8월까지 진행되었습니다.

· 본문 중 책 제목은《 》로, 논문과 잡지명, 영화와 드라마, TV 프로
  그램 제목은〈 〉로 표시했습니다.

1장

리터러시:
우리는 서로를 어떻게 읽을 것인가?

리터러시란 단순히 '문해력'을 뜻하는 것일까? 중림서재 〈대화의 대화〉 모임에선 그 의미를 좀 더 넓게 받아들이고 대화를 시작한다. '우리와 관계 맺는 모든 것에 요구되는 이해력'. 리터러시를 이렇게 정의한다면 단어의 포용 범위는 텍스트에 머물지 않고, 세계에 대한 이해를 요구하는 데까지 뻗어나간다. 서로 다른 생각을 가지며 한 세계에 사는 우리들이 오해를 줄이고 이해를 늘리기 위해선 타인과 삶에 관한 리터러시가 필수적인 것이다.

《유튜브는 책을 집어삼킬 것인가》
김성우, 엄기호 지음, 따비

대화에 자주 등장하는 말

리터러시

원래 '리터러시'란 문자화된 기록물을 통해 지식과 정보를 획득하고 이해할 수 있는 능력을 말한다. 다만 최근에는 텍스트에 관한 이해력인 문해력뿐만 아니라 '디지털 리터러시', '미디어 리터러시' 등 특정 매체로 된 콘텐츠를 이해하는 능력이란 의미로 다양하게 쓰이고 있다. 《유튜브는 책을 집어삼킬 것인가》 김성우와 엄기호 저자는 리터러시라는 말을 더 넓게 '삶을 이해하는 능력'으로 본다.

포괄적 성교육

섹슈얼리티를 둘러싼 인지적·정서적·신체적·사회적 측면에 대해 교육하는 커리큘럼 기반의 교육 과정으로 '통합적 성교육'이라고도 불린다. 성교육을 관계적 범위에서 다루고 있으며, 아이들이 성적인 행동을 하기 전에 자기 몸과 관계, 감정에 관한 내용이 대부분이다. 유네스코에선 포괄적 성교육의 핵심 개념으로 아래 여덟 가지를 제시하고 있다. 첫 번째는 가족과 친구, 사랑 등의 관계이며, 두 번째는 가치, 권리, 문화, 섹슈얼리티, 세 번째는 젠더 이해, 네 번째는 폭력과 안전이다. 다섯 번째는 건강과 복지를 위한 기술, 여섯 번째는 임신, 월경,

사춘기 등의 인간의 신체와 발달이며, 일곱 번째는 섹슈얼리티와 성적 행동이고, 여덟 번째는 성건강이다.

MBTI

마이어스-브릭스 유형 지표(Myers-Briggs Type Indicator)의 약자다. 개인이 쉽게 응답할 수 있는 자기보고서 문항을 통해 인식하고 판단할 때의 각자 선호하는 경향을 찾고, 이러한 선호 경향들이 인간의 행동에 어떠한 영향을 미치는가를 파악하여 실생활에 응용할 수 있도록 제작된 심리 검사이다.

타인에 관한 리터러시

요조   처음 뵙겠습니다. 모두 반갑습니다. 이제부터 우리는 네 달 동안 한 달에 한 번씩 만나 같이 대화에 관한 책을 읽고 대화를 나누는 시간을 가져보려고 합니다. 일단은 오늘은 첫 만남이니, 책도 중요하지만 '우리'에 비중을 두는 시간을 가져보면 좋을 것 같아요. 그래서 자기소개로 라포를 쌓아보고자 합니다.

다른 분들은 어떠셨는지 모르겠지만, 저는 처음에 이 리터러시라는 말을 단순하게 '문해력'으로 받아들였어요. 사실 리터러시라는 단어 자체가 등장한 지 그리 오래되지 않았잖아요. 그래서 초반에는 정확하게 무슨 뜻인지 모르고 맥락 속에서 대충 감만 잡고 넘어갔던 것 같아요. 이 책을 읽으면서 리터러시라는 단어가 단순히 문해력을 뜻하는 게 아니라, 굉장히 포용하는 범위가 넓은 단어라는 걸 알게 됐어요. 문장을 이해하는 데 한정된 리터러시가 아니라, 책을 읽지 않는 순간에도 '우리가 관계 맺는 모든 것에 요구되는 이해력이겠구나'라는 생각을 하게 됐습니다. 우리가 오늘 처음 만나서 자기소개를 하고, 그걸 청자로서 들으면서 이해하고, 궁금한 부분에 대해서 질문하는 과정도 모두 리터러시 안에서 이루어지는 일일 것입니다. 그래서 더욱 더 자기소개를 형식적으로 하는 게 아니었으면 해요. 우리는 앞으로 계속 소통하고, 이해하고, 또 최대한 오해를 줄여나가야 하니까요. 그래서 이런 목표에 몰두하는 자기소개를 준비해 보자고 숙제를 내드렸는데요.

　그러면서 저도 어떻게 자기소개를 하면 좋을까 계속 생각했거든요. 일단 아무래도 여기 계신 분들보다는 프로필이 좀 알려져 있으니 제가 먼저 시작을 할게요. 저는 요조라는 이름으로 뮤지션 활동을 하고, 또 작가의 일을 하고, 마지막으로는 제주에서 책방을 운영하고 있는 사람입니다. 책방이 제주에 있다 보니까 제주와 서울을 오가면서 지내고 있는데, 제가 어떤 일에 치중하느냐에 따라 거주지의 비중이 유동적이에요. 이제는 서울에서 오래 머물러요. 제주에서 근무하시는 직원 분이 일한 기간이 길어지면서 책방에 대한 주인 의식도 굉장히 커지셨고, 이제는 저보다 더 그 공간을 잘 이해하는 사람이 됐다는 느낌이에요. 손님들이 와도 저보다 직원 분을 더 많이 찾게 됐고요. 그리고 책방에서 이루어지는 어떤 일들에 대해서는 오히려 제가 모르는 게 더 많아졌어요. "이거 어디 있었지? 이거 어떻게 하는 거였죠?" 이런 식으로요. 그러면서 그냥 자연스럽게 하는 일을 분담하게 됐어요. 책방 운영을 담당하는 일은 그 직원 분이 더욱 적극적으로 맡아주시게 됐고, 저는 도서 큐레이팅을 비롯해서 전반적인 비대면 업무를 하는 식으로 일을 분리했어요. 어떻게 보면 제가 제주도에 반드시 가야 하는 상황이 줄어든 거죠. 같이 지내는 고양이도 서울에 있고, 하는 일도 사실은 서울에 더 많다 보니까 그냥 좀 여유 있게 서울에서 지내게 되는 것 같아요. 제주에는 한 달에 한두 번 정도 오가고 있고요.

제가 오늘 이 자리에서 특히 오해를 줄이기 위해서 어떤 얘기를 하면 좋을까 생각한 게 뭐였냐면요. 저는 다정한 사람이 아니라는 사실이에요. 굉장히 오해를 많이 받아요. 제가 다정한 사람이라고. 저는 그게 이해가 돼요. 스스로 자처한 게 있고. 제가 쓴 책 내용이나, 전반적인 화법이 다정하고요. 생긴 것도 뭐 특별히 무섭지 않고, 오히려 사람 좋게 생겼다는 얘기도 많이 들어요. 평소 말투도 딱히 표독스럽지 않은 무난한 말투에, 제가 노래하는 풍도 다정한 풍이죠, 대체적으로. 물론 노랫말은 안 그런 것도 있지만요. 그러니 '저 사람은 다정할 거야. 저 사람은 다정한 사람이야' 이렇게 지레 제가 다정한 사람일 거라 생각하고 사람들이 기대하는 것들이 있어요. 이를테면 갑자기 개인적인 자기 이야기나 고민을 확 털어놓는다든지요. '저 사람은 나의 이런 부분을 듣고 이해해 줄 거야. 이 점에 대해서 같이 고민해 줄 거야'라고 하는, 자기 멋대로의 판단을 앞세워서 훅 치고 들어오곤 해요. 아니면 '저 사람은 다정한 사람이니까 내가 이렇게 해도 될 거야'라고 생각하고, 생각하기에 따라서 무례할 수도 있는 말과 행동을 한다든지요. 어떤 경우에는 저와 대화하다가 자신이 생각했던 다정한 사람이 아닌 것을 알고, 조용히 충격을 받고 돌아가시는 분들도 계세요.

그럴 때마다 좀 난처하죠. 왜냐하면 저는 다정한 사람이 아니라, '다정하고 싶은 사람'이거든요. 여태까지 책을 읽거나 존경하는 다른 사람들의 이야기를 통해 "인간은 다정해야 한다. 그게 더 나은 인간이 되는 길이다."라는 메시지를 너무 반복적으로 들어왔어요. 저는 더 나은 사람이 되고 싶어요. 더 나은 사람이 되고 싶으니까, 저는 저의 본능을 계속 거스르면서 다정한 사람이 되고자 노력하는 거죠. 책과 노래도 그런 노력의 결과물이고요. 타인을 대할 때도 친절한 사람이 되고 싶기 때문에 말도 날카롭게 하지 않으려 노력해요. 그런 노력들이 '이 사람은 원래는 그런 사람이 아니지만 다정하려고 노력을 하는구나'로 받아들여지지 않고, '저 사람은 원래 다정한 사람이네'라고 오해를 사는 거죠. 그러니까 제가 원하지 않았던 상황들이 생기는 거예요.

그러면 그런 생각을 하게 되죠. 그냥 이러지 말까. 날카롭게 말하고 싶은 대로 하고, 굳이 친절하려고 노력하지 말고. 그냥 나대로, 그냥 그렇게 살까. 이런 생각도 사실 드는데…. 그 생각이 그렇게 멋진 생각이 아닌 것 같아요. 채식이나, 환경을 위한 실천을 하는 일에도 똑같이 적용돼요. 너무 힘들고 어려우니까 '그냥 살던 대로 살까' 하는 생각이 들 수 있지만, '그래도 하는 데까지는 해봐야 하지 않겠어?'라는 결론에 늘 도달하게 되죠. 그게 지금의 세상을 사는 인간으로서 취할 수 있는 좋은 태도라고 생각해요. 천성이 다정하진 않지만, 그래도 다정하려고 노력하는. 그 과정에서 벌어지는 오해들을 겪으면서도, 다정하지 않은 원래의 내 모습보다 '그래도 하는 데까지는 노력하면서 사는 게 더 낫지 않을까' 하는 거죠. 오해를 사면 어쩔 수 없다고 생각하면서요.

우리도 앞으로 이런저런 대화를 나눌 텐데요. 은연중에 저의 쌀쌀맞음이 얼마나 많이 나오겠습니까? 제 다정한 모습도 나오겠지만 까칠한 모습도 대화 중에 툭툭 나오게 될 것이고요. 혹시나 여기 계신 분들이 갑자기 '헉, 뭐지. 내가 알던 사람이 아닌데' 하고 충격을 받으실 수도 있겠다. 그런 생각이 들어서 저는 원래 이런 사람이라는 걸 미리 말하고 싶었어요. 이런 부분을 이해해 주셨으면 좋겠고, 오해하지 않아 주셨으면 좋겠고요. 혹시나 저의 낯선 냉정함이나, 쌀쌀맞음이나, 못됨이나…. 이런 것들을 발견하게 되더라도 '저 사람은 원래 저런 사람인데 더 나은 사람이 되려고 노력하고 있구나. 성공했다가 실패했다가 왔다 갔다 하면서 살고 있구나' 그냥 그렇게 편안하게 봐주셨으면 좋겠다는 말씀을 드리고 싶어요. 혹시 저에게 뭐 궁금하신 점이 있나요?

버들　다정하지 않은데 다정해지려고 노력하실 때 스트레스는 안 받으세요?

요조　스트레스 받아요. 그래도 다정하게 굴지 않아서 받는 스트레스보다는 좀 나은 것 같아요. 부지불식간에,

멘탈이나 컨디션이 안 좋을 때, 혹은 그냥 내가 원해서. 친절하고 다정하지 않게 굴 때가 있잖아요. 뒤돌아서 생각하면 자괴감이 들어요. 특히 가족에게 그러면 더 심하고요. 엄마한테 한번 짜증 내면 하루 종일 먹구름 아래에 있는 것 같은 기분이 들어요. 하루 종일 마음이 너무 써요. 따끔거리고. 그래서 이러느니 그냥 내가 힘들더라도 좀 노력해서 친절하고 다정하게 굴자고, 그 상황 속에서 스트레스 받더라도 나중에 마음 편안해지는 게 낫다고 생각해요. 내 쪼대로 못되게 굴고 나서의 안 좋은 여운이 너무 길어서요.

버들 저도 사실 자기소개 시작이 그런 내용이거든요. 그래서 들으면서 좀 찔렸어요. 저는 별로 다정하려고 노력을 안 하고 있어서요.

요조 그러셨구나. 어떻게 보면 효도하는 마음도 진짜 부모님을 공경하고 사랑해서도 있겠지만 후회하고 싶지 않다는 마음의 반영이기도 한 것 같아요. 나중의 본인을 위해서. 자기 마음 편해지자고 이기심에서 시작한 효도인 것이죠. 그렇게 생각하면 저의 다정함도 이기심이에요. 나 편하자고 친절하게 하는 측면도 분명히 있는 것 같습니다. 그럼 제 소개는 여기까지로 하고, 다른 분들도 소개해 주세요. 오른쪽으로 돌아갈까요?

조한진　저는 조한진이라고 하고요. 어릴 땐 더 심했는데, 제 이름을 얘기하는 게 굉장히 부끄러워요. 지금도 왜지 모르겠어요. 저는 좀 그런 게 있습니다. 이름은 그렇고요. 그리고 올해 이제 44살이 된, 이제 중년의….

요조　아, 그게 왜 중년이에요?

심에스더　청년, 청년!

조한진　자기소개 준비를 하면서 생각해 봤는데, 청년은 아닌 것 같더라고요. '이제 중년이라는 표현이 어색하지 않은 나이가 됐구나'라고 생각하면서 왔어요. 요즘 제가 나이 먹어감에 대해서 많이 생각을 하고 있거든요. 제가 한 20여 년 직장생활을 하다가 쉼의 시간을 갖고 있어요. 시간이 많다 보니 많은 생각이 들어요. 고독이라고 할 수 있는 시간을 보내고 있습니다. 그러면서 나이 먹어가는 거에 대해서도 생각이 많아요. 처음엔 되게 안 와닿았어요. 실감이 안 됐다는 게 맞는 거 같아요. 서른이 되고 마흔이 되고. 그러면서 이제 '의사 선생님'이 '그냥 의사'가 되고, 학교 선생님도 나보다 나이가 어려지고, 그런 것들이 '이상하다, 되게 이상하다, 이상하다' 하다가 이제는 너무 당연하게 된 거죠. 모임을 신청하기 전에 스스로 돌아봤어요. 그동안 회사생활을 하면서 여러 사람들과 이야기를 했어요. 주로 회의 같은 것들. 문득 그동안의 제 대화방식이 잘못된 것 같다는 생각이 들었어요. 아무래도 업무 회의다 보니 원하는 바를 이끌어내기 위해 상대방을 설득하고, 내 얘기를 하고, 상대방의 빈틈을 찾고, 내 말의 정당성을 각인시키고, 그런 방식으로 얘기를 했던 것들이 생각났어요. 전에 누군가가 "혹시 회사 후배들이 너 별로 안 좋아하는 거 아니야?" 그런 우스갯소리를 했어요. 그땐 "그럴 리가요." 했는데, 얼마 전에 생각해보니까 그럴 수도 있겠다 싶었어요. '그런 말들을 너무 오래 하고 살지 않았나' 생각하던 참에 이 모임을 접했고요. 재미있겠다는 생각을 했어요. 대화를 하는데 어떤 목표를 갖지 않아도 돼, 내가 전부 설명하지 않아도 돼, 뭔가를 저 사람한테 이끌어내지 않아도 돼, 그래서 이 자리에 오면서도 조금은 '정말 그렇게 할 수 있을까?' 의심했어요. 스스로에 대한 테스트랄까요. 그런 시간을 가지고 싶었어요.

요조 하시는 일을 구체적으로 저희가 몰라서요. 대화를 많이 나누고, 그 대화 속에서 원하는 결과를 도출해내시는 일을 하셨던 건가요?

조한진 그냥 평범한 직장인이었어요. 생각보다 회의가 많았고, 적지 않은 대화들이 오고 가지만 그 안에서 의미 있는 말들은 별로 없었던 거 같아요. 그런 중에도 저처럼 실무자는 뭔가를 결정하고 회의를 끝내야 하니까요. 내가 원하는 방향으로 이끌려다 보니, 내 말이 맞다고 자꾸 몰아가는 거죠. 이렇다는 것을 그 안에서는 잘 몰랐어요. 그냥 '내 말이 맞는데 왜 제대로 이해를 못 하지?' 하고 답답하게만 생각했던 거 같아요. 그런 부분을 요즈음 스스로 돌아보게 되었어요.

요조　　한진 님께서 언제나 결론을 내기 위한 대화를 하셨다고 하신 말씀을 들으면서, 책에서 너무 좋았던 부분이 떠올랐어요. 247쪽. 여기서 엄기호 작가님이 '비경쟁식 토론'에 대한 얘기를 하시잖아요. 사실 토론은 이겨야 되는, 나랑 의견이 다른 사람을 설득해서 내가 맞다는 걸 관철하는 것이라고 교육받고 컸거든요. 근데 비경쟁식 토론은 굳이 어떤 결론이나 성과를 내지 않아도 되는 거죠. 한진 님께서 회의를 하시면서 느끼셨던, 어떻게든 결론을 도출하려고 하는 과정이 배제된 토론이요. 저는 읽으면서 낯설더라고요. 어떻게든 의미를 뽑아내야 한다는 강박이 있으니까요. 책에서도 성과도 안 나는 걸 왜 하냐며 안 하다가, 나중에야 참여하는 학생들이 있었어요. 이게 참 별거 아닌 것 같아도 너무 어려운 일이에요. 어떻게든 의미를 남겨놔야만 한다는, 그래야 내가 이 시간을 투자한 게 무의미하지 않다는 그 강박. 사실은 '무의미하면 어때?'라고 생각해도 되는 건데.

　　오늘 이 자리도 그래요. 오늘도 우리가 이렇게 3시간씩 책을 읽고 얘기를 나눌 건데 뭔가 깨달음이 없으면 어쩌나 하는 걱정이 내내 있었거든요. 그래서 이 부분을 읽으면서도 "그래? 그러면 중립서재 모임 때도 그냥 결론 안 나와도 되는 거야?" 이렇게 질문을 해봤거든요. 글쎄요. (웃음) 이 부분이 저에게는 너무 어려운 얘기였어요. 이걸 내가 실천할 수 있을까?

조한진 그래도 기본적인 베이스는 있어야죠. 저희는 책을 읽고 오잖아요. 그 정도 노력은 있어야 하지 않을까요? 그래야 비경쟁이지만 그래도 의미 있는 내용들이 나오지, 그렇지 않으면 아무것도 안 나오겠죠. 아, 나 다 못 버린 것 같아. 정말 아무것도 성과가 없다면 그것도 아닌 것 같긴 해요. (웃음)

심에스더 다 못 버리신 것 같은데. 여기서 뽑아주실 거니까 저희는 편하게 가면 될 것 같네요. (웃음)

요조 한진 님이 경험 많으시니까 또 정리 잘해 주실 거라고 믿습니다. (웃음)

한오석 대화나 토론의 비경쟁성은 결국 그 목적이 어디에 있느냐를 얘기하는 것 같아요. 저는 대화의 목적이 관계에 있다고 생각했어요. 대화에서 꼭 상대를 설득하지 않더라도, 그 대화가 상대와의 관계 형성이나 회복에 목적이 있다면 꼭 어떤 성과가 없어도 좋지 않을까요?

요조   네. 이번 모임이 그냥 인간관계만을 위한 자리라고 한다면 사실 의미는 딱히 찾지 않아도 되지만, 중림서재 입장에서는 우리의 대화를 상품을 만들고 판매해서 이익을 도출해야 되는 상황이니…. (웃음)

조한진   어떻게든 나오긴 나올 거니까. (웃음)

심에스더   이 책 때문에 저희가 오늘은 이런 방식의 대화를 추구하지만, 다음 책에서 다른 방식을 얘기하면 또 대화의 성질이 바뀌고 그러는 거 아니에요? 이 책에서는 비경쟁적 대화가 나왔으니까 저희가 비경쟁을 얘기하는데, 만약에 다음 책에서 다른 얘기가 나오면 또 저희 대화의 성질이 바뀔 수도 있지 않을까. 그럴 수도 있을 것 같네요.

요조   책에 굉장히 순종적이네요. (웃음)

조한진   일단 책으로 만들어졌다는 건 분명히 좋은 내용이라는 거니까. 저는 그렇게 믿고 있어요. 이 책에 쓰인 대로만 하면 될 거예요. 그래서 오늘은 비경쟁적으로.

요조   회사생활 잘하셨을 것 같아요, 한진 님. 좋은 말씀 너무 감사합니다. (박수)

<u>신서희</u> 안녕하세요. 신서희입니다. 자기소개를 하라고 과제를 주시니 뭘 준비해야 될까 하다가, 저를 상징하는 키워드가 뭘까 생각해봤어요. 저는 '재미'와 '어쩌다 보니'의 인생인 것 같아요. 한 번도 인생에서 뭔가 계획을 해본 적이 없고, 그냥 살다가 '이거 재밌을까? 해볼까?' 하다 보니 여기까지 왔네요. 어쩌다 보니 이걸 하게 됐고, 또 저쩌다 보니 저걸 하게 됐고요. 저는 직업이 좀 여러 개 있습니다. 먼저 메인 직업은 두 개가 있어요. 재작년까지는 고등학교 중국어 교사였고요. 어쩌다 보니 지금은 장학사로 교육청에서 일하고 있습니다. 교사가 좀 늦게 된 편인데, 교사가 되기 전에는 홍콩에서 직장을 다녔어요. 중국어를 전공해서 홍콩에서 무역회사를 다녔고, 그때를 바탕으로 2005년에 처음 여행서를 썼어요. 그때부터 쭉 여행 정보서 쓰는 일을 하고 있습니다. 6권 정도 썼고요. 사실 지금도 한창 개정판 원고를 작업 중인데 이 모임 지원공고를 본 거죠. 원고에 집중해야 하는데, 고민하다가 그래도 재밌을 것 같아서 '어떻게든 시간이 되겠지' 하는 마음으로 지원했어요. 장학사와 여행작가가 제 메인 직업이고 상담심리 쪽에도 관심이 많아서 대학원에서 교육상담과 심리를 공부했어요. 그래서 명예퇴직을 하고 교육심리나 상담심리 쪽 다른 직업을 해보고 싶다는 생각도 하고 있어요. 그외에도 온갖 SNS도 하고, 여행도 가고. 뭐 이런 다양한 일들을 하고 있기 때문에 결혼은 안 했고요. (웃음) 아이를 키우면서 이런

걸 다 하기는 어려울 테니까요.

아까 작가님이 말씀해 주셔서 떠오른 건데, 저에 대한 선입견은 뭐가 있을까 생각해봤어요. 제가 이렇게 바쁘게 사는 모습을 말하면 사람들이 다 '센 언니'라고 생각해요. 여행도 혼자 다니고 이럴 것처럼 보이나 봐요. 근데 사실 저는 여행을 절대 혼자 못 가고 항상 친구들이랑 가요. 이 친구 저 친구 꼬셔서 함께 가는 여행을 좋아합니다. 그리고 아까 경쟁과 토론에 관한 얘기가 나왔는데, 저는 회의를 할 때 드센 사람이 강하게 얘기를 하면 받아치지 못하고 머리가 하얘져요. 비경쟁성 토론은 잘하는데 경쟁구조가 되면 회피해버리는 경쟁 회피형입니다.

요조　아, 저런 분들이 더 무서워. (웃음)

신서희　무섭긴요, 센 상사가 한마디 하면 한마디도 받아치지 못하는 쫄보예요. 사람을 좋아하고, SNS 하는 거 엄청 좋아하고, 그래서 이 모임도 업로드된 거 보자마자 지원했고요. 연휴가 있다면 틈만 나면 여행을 가고요. 그렇게 살았습니다.

요조　지금 쓰시는 책은 어디 다녀오신 내용인가요?

신서희　지금 쓰는 책은 대만 여행서이고요, 5차 개정판 작업 중입니다. 사실 여행 작가가 메인 직업이어야 다른 여러 나라 책을 쓸 수 있는데, 저는 그럴 수가 없어서 중어중문과 전공을 살려서 대만, 홍콩 등 중화권 쪽 책만 썼어요. 원래 여행 작가가 책을 한 권 쓰려면 최소한 3개월 정도는 그 나라에서 살아야 하거든요.

요조   또 새롭게 도전해 보고 싶은 일들이 있으실 것 같아요.

신서희   저는 원래 에세이를 쓰고 싶었어요. 글 쓰는 게 좋아서 에세이를 쓰고 싶다는 생각을 하고 네다섯 군데 출판사에 기획안을 냈었죠. 다 떨어졌어요. 어떻게 미팅도 한 번 안 시켜주는지 실망하고 있던 와중에 이 모임에 선정된 거예요. 제가 만약 에세이를 쓰고 있었더라면 이거까지는 도전하지 못했을 거 같아요.

요조   그랬겠네요, 정말.

신서희   그래도 머잖은 미래에는 꼭 에세이를 쓰고 싶어요.

요조   저는 장학사가 하는 일이 뭔지도 좀 궁금해요.

신서희   장학사는 공무원이에요. 어떤 정책을 기획하고,

추진하고, 그 정책이 학교에서 잘 이루어지도록 하는. 리터러시나 독서 교육 같은 것도 잘되도록 저희가 운영 계획을 세우고요.

요조   책의 뒷부분에 교육에 대한 이야기가 큰 비중을 차지하잖아요. 그러면 이런 것을 정말 교육적으로, 실질적으로 도입시키는 데에 장학사 분들의 역량이 중요하다고 볼 수도 있는 거네요?

신서희   네. 리터러시 교육을 잘하도록 저희가 프로그램을 기획해서 학교를 지원하는 역할이죠. 독서동아리 100개를 운영해 전교생이 독서로 행복한 학교를 실천해 가는 책 속의 홍천여고 사례 같은 것들을 시도해 볼 수 있도록 돕고 선생님들의 역량을 강화하는 게 목표예요.

심에스더   중요한 역할이다, 진짜.

요조   서희 님은 나중에 어쩌다 보니 교감도 하실 거 같은데요. 재밌었습니다. 서희 님 얘기 잘 들었습니다.

한오석   저는 한오석이라고 하고요. 전도사이고, 신학생인데요. 이전에는 성악을 했었고, 사회복지도 전공을 했어요. '대화의 대화'라는 주제로 읽은 책에 대해 이야기하는 모임이기에 제가 준비해온 대화에 대한 생각을 말

쓸드리려 합니다. 저에 대해서 이해하시는 데 도움이 되실 것 같아서요.

저는 대화를 할 때 기본적으로 '우리가 다른 존재'라는 것을 인정해야 된다고 생각합니다. 같은 집에 사는 가족일지라도 다르고, 아주 친한 친구일지라도 어느 한 가지는 다르기 마련인데요. 그래서 같은 주제로 대화를 하더라도 간극을 발견하게 됩니다. 조금 깊이 생각해보면 우리가 매시간, 매일 하는 경험이 다르기에 당연한 거죠. 대화에서 서로의 다름을 인정하는 게 중요하다고 생각합니다. 다르기 때문에 더욱 대화가 필요한 것이고요. 우리가 하는 대화가 아름다울수록 좋은 관계를 맺을 수 있고, 이로써 함께 살아갈 수 있는 것이라고 생각합니다.

보통 기독교에서는 사랑을 많이 얘기하잖아요. 대화에서도 사랑이 결정적인 역할을 한다고 생각해요. 사랑은 대화에서 말과 말, 사람과 사람을 연결해 주는 역할을 해요. 다른 사람을 존중하게 만들어주고요. 혹시 의견에 동의하지 않더라도 사랑이 있다면 상대의 얘기를 살아있는 언어로 인정해 줄 수 있어요. 저는 이런 생각으로 '대화의 대화'에 참여하고 싶다는 생각을 하며 신청하게 되었습니다.

요조   오석 님은 신학을 공부하시면서 전도사 일을 하시는데, 굉장히 전적이 범상치 않은 느낌을 받았어요. 성악도 하시고 사회복지도 하시고. 본격적으로 신학을 공부하고 전도사로서 봉사하시게 된 특별한 계기가 있으셨는지 궁금하네요.

한오석 신학을 하게 된 것은 아는 목사님이 제안해주셔서 고민을 시작했죠. 신학이 공부할 게 굉장히 많거든요. 오랜 역사 동안 쌓여온 신학연구의 양이 상당하기 때문인데요. 어렵다는 걸 알면서도 학문의 호기심이 생겼어요. 내가 가지고 있는 신앙을 신학자들이 어떻게 표현하고 있는지가 궁금했고, 기독교 교리에 대해서도 공부해보고 싶었고요. 그렇게 신학대학원에 입학하게 되었습니다. 그리고 지금까지 공부했던 것들을 생각을 해보면 음악이나 사회복지가 어떻게 보면 교회에서 하는 일이거든요. 교회에서 신앙을 가지고 있는 사람들이 해야 하는 일들이죠. 그래서 공부했던 것들을 목회에 적용해서 복지의 측면에서는 어려운 사람들을 돕는, 또 제가 했던 음악이 교회 안에서 더 아름답게 울릴 수 있도록 하는 역할을 제가 했으면 좋겠다는 생각으로 신학을 공부하고 있어요.

요조 네, 고맙습니다. 오석 님 이야기 잘 들어봤습니다.

성에 관한 리터러시

심에스더 안녕하세요. 저는 심에스더라고 하고요. 본명이에요. 모태 신앙이라는 말 아시죠? 그런 문화 속에서 이름이 이렇게 지어졌고요. 삼남매 중에 저만 이래요. 저는 성 이야기하는 일을 직업으로 하고 있어요. 미취학 아동부터 노년에 이르기까지 요새 흔하게 알고 있는 포괄적 성교육. 학교, 공공기관, 기업, 여러 회사하고 또 교회, 이런 데 가서 성희롱, 성폭력 예방 교육도 하고, 실질적인 성 이야기도 하고, 그리고 성평등 이야기. 이런 것들을 굉장히 다양하게 진행하고 있고요. 또 성 상담도 하고 있어요. 커플 성 고민, 성 테라피, 아니면 학폭위가 열리거나 학생들에게 진지한 성 문제가 생겼을 때 그런 친구들을 상담한다든가요. 중년의 부부인데 성에 대한 의사소통이 안 된다거나, 아니면 성에 대한 구체적인 문제가 있을 때. 이런 것들을 같이 이야기 나누는 일을 하고 있습니다.

저는 아주 어렸을 때부터 성을 좋아했어요. 제가 잊히지 않는 7살 때 기억이 있어요. 유치원에서 어떤 친구랑 저랑 남아서 미끄럼틀을 타요. 그 미끄럼틀이 아직도 생생해요. 기린 모양 미끄럼틀. 그때 친구가 재밌는 얘기를 해준다면서 춘향이랑 사또 이야기를 해줬는데, 솔직히 완전 음담패설이었어요. 어머, 근데 그게 너무 재미있는 거예요. 7살이니까 정확하게 어떤 의미인진 몰랐지만. 이런 세계, 이런 감각, 이런 뉘앙스가 재밌다. 그때부터 그 비슷한 이야기들을 듣거나 보고 싶어 했어요. 아마 제가 그때는 잘 몰랐겠지만 커서 돌아보면 사회에 성적인 코드가 많잖아요. 적나라하지는 않지만 은근하게 다 드러나 있는. 엄마 따라서 미용실 가면 잡지 뒤에 성적인 사진들. 근데 중요한 부분 항상 찢어져 있고요. (웃음) 영화 같은 데서도 아슬아슬한 장면들은 어른들이 얼른 돌리시고. 이런 경험들 때문에 제가 항상 성적인 것에 목말라 있었어요. 그래서 찔끔찔끔 찾아보다가 급기야 "내가 만들어내자." 이렇게 돼서 초등학교 때부터 항상 친구들 데려다 놓고 그런 성 이야기를 했어요. 미안하다, 애들아. (웃음) 그때는 저 역시도 성에 그런 식으로 노출이 돼서 성적으로 왜곡된 음담패설 위주로 호기심이나 관심을 키워갔어요. 그러다 어느 순간 사춘기가 되고, 성장을 하고, 몸도 변하면서, 신체와 관련된 성 이야기들을 하게 됐어요. 그런데 그런 이야기를 할 때마다 주변 분위기나 반응이 성에 대해서 말하는 것 자체를 굉장히 쉬쉬했어요. 저는 여성으로서 사람들이 기대하는 태도와 어긋났죠. "여자애가 왜 그런 이야기를 하냐." 며 타박하거나 특이하게 보는 것에 의구심과 반감이 들었던 것 같아요. 필요한 얘기인데도 하지 못하고 친구들끼리 첩보작전처럼 생리대를 주고받던 것도 이상하다고 생각했고요. 반면 남자애들은 여자애들 앞에서 자기 몸을 보여주고 성적인 얘기를 해도 그냥 그러려니 넘어가는 모습을 보면서 사회적 차이를 느꼈죠. 이런 생각을 하면서 성평등에도 관심을 가지게 됐고요. 또 우리가 섹스로서의 성도 너무 중요하지만, 또 성이 섹스만은 아니잖아요. 그런데 그냥 그거에 갇혀서 다양한 성 이야기를 못 하게 되는 것에 대해서도 의구심이 있었죠. 이러면서 혼자 성에 대해 떠들어대다 보니까 저도 '어쩌다 보니' 이 직업을 갖게 됐어요!

아이러니하게 제가 그런 이야기를 가장 먼저 시작한 곳이 교회였어요. 교회는 특이하게도 이성 교제 강의 같은 걸 해요. 이성 교제라는 말도 웃기지만. (웃음) 하나님 안에서의 건강한 교제. 근데 제가 항상 "왜 성 이야기는 안 해요?" 이렇게 물어봤어요. 누군가를 만날 때 성은 떼려야 뗄 수 없는 부분이잖아요. 연인 관계에 있어서 성관계, 성행동 얘기를 안 하니까 제가 그런 부분에 대해 항상 건의를 드렸죠. 얘기해야 된다. 하고 싶다. 그렇게 줄기차게 주장하면서 성 이야기를 일반 영역으로 넘어가서 하게 됐죠.

어느 정도 돈을 받으면서 이 일을 한 지는 한 10년 정도 된 것 같고요. 그러면서 저는 중간에 제 의지는 아니지만 책을 내게 돼요. 〈오마이뉴스〉라는 시민언론 매체가 있잖아요. 거기 시민기자 제도를 통해서 글을 쓰게 됐어요. 한 기자님과 어떻게 연결이 돼서 성과 관련된 글을 같이 쓰자는 제안을 받은 거죠. 저는 정말 보이는 바와 같이 많이 산만하고, 목소리도 크고, 별거 아닌 거에 웃음도 많아요. 그리고 가만히 앉아서 글 쓰는 게 너무 고통스러워요. 말을 하는 게 훨씬 편하고요. 그래서 기자님이 글을 같이 쓰자고 제안했을 때 제가 차라리 말로 하겠다고 했어요. 제가 말로 해드릴 테니까 그걸 정리해서 쓰시면 안 되냐고 했더니, 그러면 아주 간단한 질문을 하나 보낼 테니까 기한 내로 답변을 해달라고 하시더라고요. 그래서 제가 알겠다고 해놓고 미루고 미루다가 제출일 바로 전날 그 질문을 열어봤어요. 그런데 그게 한두 개의 질문이 아니었어요. 너무 압도적인 양이었어요. 일단 성에 대해서 어떻게 질문해야 할지도 잘 모르는 사회적 분위기도 있다 보니 질문도 수정해야 되고, 설명이 길어져야 하는 거죠. 적어도 일주일 전에만 발견했어도 못하겠다고 말을 했을 텐데, 하루 전에 봤기 때문에 거절하기엔 너무 무책임하잖아요. 그렇게 제가 꾸역꾸역 쓴 게 연재로 시작되면서 나중엔 기자님과 공저로 책이 나왔어요. 그건 기적 같은 일이에요. 저는 그 기자님의 채찍질이 아니었으면 혼자선 못했을 거예요. 맨날 울면서 썼고요. 어쨌든 폐를 끼치면 안 된다는 생각 때문에 그걸 해냈어요.

다음 책은 저 혼자 작가로 계약을 했는데, 계약한 지가 벌써 3년째인데 한 줄도 쓰지 못했어요. 그전에는 기자님과 공저니까 그분의 도움으로 일을 했는데, 혼자서는 못하는 저를 보면서 '나 진짜 쓰레기다' 이런 생각이 들더라고요. '다시 계약금을 돌려드릴까' 정말 그 생각까지 진지하게 했어요. 그런 고민을 하는 와중에 정말 우연히 요조 님과 함께하는 이 모임을 발견한 거죠. 내가 직접 글을 써서 책이 나오는 게 아니라 '대화의 대화'로 저절로 책이 나온다니. 함께 책을 읽고 대화를 나눈 것이 책으로 나온다는 게 저한테 너무 확 와닿았어요. 제 그다음 책 작업에 대한 마중물로써 저의 열정을 불러일으켜 주지 않을까 했고요. 그래서 정말 몇 년에 한 번 오는 열정으로 지원서를 썼죠. 그때 계좌에 제가 딱 99만 원이 있었거든요. 그것도 정말 고민하지 않고 가치 있다고 생각하면서 지원했어요.

그렇게 들어오게 됐는데, 저는 아까 말씀드린 것처럼 좀 시끄럽고, 잘 웃고, 항상 약간 업이 되어 있어요. 그래서 먼저 양해를 구하고요. 그게 제 기본 텐션이에요. 사람들은 제가 활발하게 하다가 집에 가면 지치지 않는지 묻곤 하는데, 저는 그런 일이 없고요. 사람들 속에서 에너지를 얻고, 또 다른 데 가서 그 에너지로 잘 살아가는 그런 스타일이에요. 저에 대한 사람들의 오해를 하나 말씀드리고 저의 소개를 마치고 싶은데요. 저는 평생 살면서 되게 억울한 게 하나 있어요. 성질이 급하고 표현이 크다 보니까, 저는 자잘한 일에도 잘 놀라고 감동도 잘 받아요. 근데 사람들이 하는 가장 큰 오해가 뭐냐면, 제 반응이 오버라는 거예요. 어느 순간 약간 억울하더라고요. 나는 진심으로 내가 느낀 것을 재빠르고 크게 반응한 건데. 이게 굉장히 오버하는 반응, 진심이 없는 반응, 그리고 그냥 표현을 위한 표현인 것처럼 되는 거죠. 저의 진심이 굉장히 오해되고 매도된다고 느꼈어요. 평소의 큰 반응 때문에 저에 대해서 깊이 알아보려고 하지 않는 사람도 있고요. 그냥 오버하는 거라고 생각하면서 저를 대하는. 이제 이 억울한 부분을 풀어야겠다고 결심해서 이 모임에서 두 번째로 말하는 거예요. 처음 이 문제를 말한 건 지난주에 친구한테 말한 거였어요. "정말이야." 이렇게 얘기를 했죠. 그래서 저를 처음 보시는 여러분께도 이 부분을 꼭 이야기하고 넘어가고 싶어서 말씀드렸습니다.

요조   저는 에스더 님과 반대로 상대방 이야기에 제 말투로 "그렇구나."하면 진짜 영혼 없다는 소리를 많이 들어요. 영혼이 담긴 "그렇구나."는 어떤 그렇구나 일까. 난 진짜 경청하고 있는데 어떻게 대답해야 하나 고민할 때가 많아요.

심에스더   저는 있는 모습 그대로를 항상 오해받으니까, 표현을 억누르고 사람들 공식대로 반응하려고 연습한 적도 있었어요. '너무', '막', '엄청' 이런 부사들을 좋아하는데, 빼려고 노력하는 것처럼요. 사람들 모두에게 이번 책을 읽혀서 서로를 두껍게 이해하도록 해야 돼요, 정말.

요조   저 같은 사람도 영혼 없다는 소리를 듣는데, 저랑 반대인 에스더 님 같은 사람도 같은 소리 듣는다는 사실을 알고 나니까 오히려 좀 내려놓게 되네요. '그냥 난 나대로 하련다' 이런 마음. 그런데 에스더 님, 혹시

MBTI가 ENFP세요? 왠지 딱 그 느낌이 나서요.

심에스더   그렇죠. 그렇습니다. ENFP예요. 예. 그것도 극단적인 100퍼센트요. 원래 99점이었거든요. 나이가 들수록 변할 거라고 기대하고 얼마 전에 다시 해봤는데 오히려 점수가 늘었더라고요.

신서희   점수가 높다는 게 더 극단적인 외향형이라는 뜻은 아니고 자기 확신이 강하다는 의미예요. E가 100점이라고 해서 실제로 엄청 외향적인 사람이 아니라, 스스로 자신이 외향적이라고 확신하는 정도가 높은 거죠.

심에스더   맞아요. 맞아요. 그렇다 하더라고요.

조한진   말씀 중에 죄송한데, 친구 분께 첫 번째로 오해에 대해 서운한 부분을 얘기했다고 하셨잖아요. 친구는 말은 안 해도 다 알고 있을 텐데, 오히려 좀 서운해하시진 않으셨나요?

심에스더   근데 저는 아무리 친구라도 저를 다 아는 사람은 없는 것 같아요. 보고 싶은 대로 보기도 하고. 그게 살면서 저한테 크게 안 중요한 문제라면 상관없을 수도 있지만, 저는 평생 그런 말을 너무 많이 들었어요. 어느 순간 아닌데도 불구하고 계속 그냥 넘어갔던 부분들에 대해서 저도 이제 좀 표현을 할 필요가 있겠다고 생각한 거죠. 어떻게 보면 사소한 것일 수 있지만, 진심 없이 그냥 오버하는 사람, 거짓으로 표현하는 사람으로 인식이 되는 것에 대해서 나도 이제 적극적으로 해명해야 되지 않을까 했어요. 그런 때 마침 제 친구가 또 오버한다는 반응을 하기에 아니라고 적극적으로 표명한 거죠. 친구가 진지하게 들었는지는 모르겠지만 그건 별로 중요하지 않아요. 전 제가 이야기했다는 것 자체로 좋았어요.

요조 근데 친구하고의 에피소드도 그렇지만, 하고 계시는 일도 오해를 받는 경우가 많을 것 같다는 느낌이 들어요. 성에 대해서 얘기하는 사람에 대한 편견이요.

심에스더 그렇죠. 좋은 질문이에요. 왠지 성 경험도 엄청 풍부할 것 같고요. 근데 저는 모든 오해를 다 명확하게 풀어주지 않아요. 그 오해가 이득이 될 때도 있고 해가 될 때도 있지만요. 저는 그 오해 자체도 어쩌면 성에 대해 사람들이 가진 편견에 접근할 수 있는 굉장히 좋은 매개인 것 같아서 일단 내버려둬요. 또 그런 오해도 있어요. 저는 성에 대해 솔직하고 실질적으로 공론화해서 이야기하는 것의 중요성을 말하다 보니, 항상 성 개방주의자라는 오해를 받아요. 특히 교회에서 그런 것들이 많아요. 교회는 사실 두 개밖에 없거든요. 혼전순결이냐, 아니냐. 그게 죄냐, 아니냐. 그런 걸 보면서 성에 대해서 솔직하고 실질적으로 얘기하는 게 중요하다고 말하는 순간 저는 그냥 성 개방주의자로 낙인찍히죠. 뭔가 되게 문란하고 음란하게 분별없이 행동하는 사람인 것처럼 오해하시는 분들도 되게 많아요.

요조   그런 오해에 대해서 명확하게 해명하지 않고 역으로 이용하시는 게 굉장히 슬기롭고 멋지게 느껴져요. 그러고보니 저도 비슷한 경험이 있어요. 이 노래는 직접 경험하신 건지, 이 가사는 무슨 뜻인지 묻는 질문 같은 거요. 이런 노래를 불렀으니 저 사람은 이런 사람일 거야. 이런 오해들이 있는데 저도 에스더 님처럼 명확하게 대답을 안 해주는 편이에요. 명쾌한 게 별로 도움이 되지 않는 것 같아요. 미지의 영역으로 남겨놓는 게 질문한 사람한테도 이득이고, 나한테도 이득인 것 같다는 생각이 들어서요. 성교육에서도 이런 방식이 통한다는 게 놀라워요.

심에스더   요새는 젠더 이슈, 성평등 이슈가 굉장히 뜨겁잖아요. 이 부분에서도 항상 공격을 많이 받아요. 특히 남학생들, 혹은 교직원을 대상으로 성희롱, 성폭력 예방교육을 하면 공격이 굉장히 많이 들어와요. 저도 이런 경험을 통해 요령이 생긴 것 같아요. 또 예전에는 모두를 다 설득해야 된다고 생각했는데 이젠 아니에요. 어쨌든 저는 강사로서 강의를 하지만, 일종의 서비스직이기 때문에 다 평가를 받거든요. 프리랜서 강사는 이미지가 나빠지면 다음에 다시 안 불러주니까요. 때로는 열받고 부당해도 항상 웃으면서 대해야 하죠. 예전에는 정말 궁금해서 하는 질문이 아닌데도 웃으면서 다 상대를 해줬다면, 지금은 에너지를 조절하는 법을 배웠어요. 얼토당토않은 질문에는 전부 설명하려 하지 않고 질문에 맞는 책을 추천해요. 제가 설명하는 것보다 더 잘 정리된 이 책을 한번 읽어보시라고. 그 정도 노력은 하셔야 되지 않겠냐고. 이렇게 풀어가는 방법을 배웠어요. 안 그러면 가늘고 길게 이 일을 할 수가 없어요.

한번은 중학교 2~3학년 정도 된 남학생인데 학교에서 성과 관련된 문제가 있어서 저와 1대1 상담을 하게 됐어요. 이 친구가 성적인 경험을 너무나 해보고 싶은데 스스로를 위로하는 것 말고는 할 수가 없으니까 계속 다른 친구들을 꼬시고, 성적인 대화를 유도하다가 걸린 거예요. 근데 제가 봤을 때 이건 심성이 나쁘다기보다 어찌 보면 좀 병리적인 부분이에요. 그러니까 일반적인 호기심을 넘어서 실제 호르몬의 문제일 수 있어요. 정말 남성 호르몬이 과도하게 나오는 친구들은 실제로 호르몬 치료를 받아야 되기도 하거든요. 심리적인 부분의 결핍일 수도 있고요. 아니면 진짜 성적 호기심의 역치가 굉장히 높은 것일 수도 있고. 성 문제를 일으킨 학생에 대해 한 발짝 떨어져 보는 거리감이 있어야 하는데, 일단 문제를 일으키면 학생이어도 바로 성범죄자 낙인이 찍히는 사회 문화도 사실은 문제예요. 그럼 정말 한 사람에게 기회가 박탈되는 거거든요. 이 친구가 저랑 한 3~4회 상담을 했는데, 들어보니까 아주 자기 나름대로는 노련하고 능숙하게 성적인 호기심을 채우려고 노력을 되게 많이 했어요. 같이 솔직하게 얘기를 하고, 교육도 하고, 가치관에 대해 얘기도 했죠. 하루는 상담하러 오더니 제 앞에서 되게 힘들어하는 거예요. 그래서 왜 이리 힘들어 하냐고 물으니까 요새 잠을 못 잔대요. 성 경험을 너무 해보고 싶은데 못해서 잠도 안 온다는 거예요. 그래서 "그럴 수 있지. 혼자 해결해도 잘 안 되니?" 하고 물으니 해결이 안 된다고요. 그러다가 저한테 "선생님은 저보다 어른이시고 또 경험도 많으실 거니까 저랑 한 번만 해주시면 안 돼요?" 하고 묻는 거예요. 그래서 "내가 뭘? 너하고 뭐? 성관계를? 성기 결합 섹스를?" 했더니, 제대로 쳐다보지도 못하면서 맞다고 하더라고요. 이런 걸 무조건적으로 비난하지 않고, 이 친구의 상황을 객관적으로 판단하고 반응해야 되기 때문에 제가 안 되는 이유를 차근히 설명해 줬어요. 첫째로 나도 취향이 있는 인간으로서 넌 내 스타일이 아니다. 미안하다. 그래서 아무리 네가 하고 싶다고 해도, 네가 내 취향이 아니기 때문에 그 과정을 겪을 수 없다는 거. 그리고 두 번째, 너의 욕구 때문에 내가 나의 몸을 내어주는 섹스는 건강하지 않다. 그런 요구를 하는 것은 실례다. 세 번째는 넌 미성년자고 나는 성인이기 때문에 내가 감옥에 간다. 근데 그 친구가 뭐라 그랬는지 아세요? "비밀로 할게요." 그러더라고요. 그래서 비밀은 지켜지기 어렵고, 너도 모르게 다른 사람들에게 말하게 될 확률이 높다고 말했죠. 그렇게 거절을 한 다음에 다른 차원의 치료로 연결을 했어요. 이런 일들도 왕왕 있어서 저는 상담을 할 때 제 신상을 잘 밝히지 않아요. 혹시나 안전이 우려되서요.

상담 과정에서 정말 이상한 애들도 많고, 한 대 때려주고 싶다고 느껴지는 학생도 있지만, 사실 사회의 피해자라고 느껴지는 학생들이 더 많아요. 단순히 "나쁜 놈. 왜 그런 짓 했어. 너 이제 범죄자 낙인찍혔어." 이러면 안 돼요. 혼나고 대가도 치러야 되지만, 후속 조치와 교육도 있어야 되거든요. 근데 그게 너무 없으니까 솔직히 속이 터져요. 저 같은 전문가를 부른 학교면 그래도 괜찮은 편인 거예요. 그러지 않는 경우가 더 많죠.

요조   말씀을 들으니 이런 게 진짜 리터러시라는 생각이 드네요. 학교에서 이런 전문가를 불렀다는 것도 리터러시를 위해서 사회가 해야 하는 조치를 한 것일 테고요. 우리 같은 비전문가들은 이런 얘기를 들으면 본능적으로 "조그만 게 어딜 감히." 이렇게 반응하게 마련일텐데, 상대방의 입장을 고려하고 그만의 언어를 이해하려고 하는 태도를 보여주시는 게 진짜 훌륭한 리터러시의 한 예를 보여주시는 것 같아서 대단하다는 생각이 듭니다. 본인의 일에 자긍심이 되게 많으실 것 같아요. 내가 좋은 일을 하고 있다는.

심에스더　제가 아무래도 성을 좋아했잖아요. 물론 힘들고 고통스러운 면들도 있죠. 어찌 됐든 사회 이슈와 맞물린 부분이 있다 보니까 오해와 공격도 많이 받고요. 하지만 그래서 더 포기할 수 없고 중요하다고 생각해요. 그럴수록 힘을 빼게 돼요. 예전에는 중요한 일이니까 '내가 힘을 내야지. 그래, 힘을 써야지' 이렇게 생각했는데, 어느 순간 세상은 쉽게 빨리 변하지 않는다는 걸 깨달았어요. 모든 사람이 다 입체적이고 두꺼운데 저 역시도 그걸 되게 납작하게 접근할 수가 없잖아요. 그러다 보니 계속 힘을 주고, 큰 힘을 쏟아붓고, 강하게 해야 되는 게 아니라 길게 보고, 힘을 빼고 소통해야 되는 일이란 걸 배우게 되는 것 같아요.

　일 하면서 또 굉장히 기쁘죠. 단순히 그냥 야하고, 짜릿하고, 성기 결합에 관련된 섹스뿐만 아니라 섹스 안에 포함된 대화, 소통, 사람 간의 관계, 이해, 사랑. 이런 것들을 같이 이야기 나눌 때 함께 굉장히 감동받는 지점들이 생겨요. 그러면서 성을 터부시하고 금기시 여겼던 사람들이 성이 일상적이고 다양하다는 것을 느낄 때 이 일을 내려놓을 수 없겠다는 생각이 들어요.

요조　되게 중요한 일이라고 생각해서 오히려 힘을 뺀

다는 말씀이 너무 좋네요.

<u>심에스더</u> 박봉이거든요. 돈만 생각하면 이어갈 수가 없습니다. (웃음)

<u>요조</u> 에스더 님 이야기 너무 잘 들었습니다. 마지막으로 이야기 들어보겠습니다.

MBTI로 보는 리터러시

<u>버들</u> 저는 실명 대신 버들이라는 이름을 쓰려고 해요. 제가 고등학교 친구랑 구독자도 별로 없는 작은 팟캐스트를 하거든요. 그냥 둘이 떠든 거 녹음하고 올리는. 거기서 서로 등산 얘기를 해요. 둘 다 등산을 좋아하고 남한테 드러나는 걸 안 좋아해서 자연이랑 연관된 닉네임을 서로 붙여주기로 했어요. 그렇게 나온 것이 버들이라는 이름입니다. 이제 누가 버들이라 불러도 돌아볼 정도의 수준이라, 이번 모임에 참여하게 된다면 버들이란 이름을 써야겠다고 생각했어요.
  그리고 저희가 대화를 위한 모임이니까 자기소개로 제 말투나 말버릇에 대해서 설명하는 게 좋지 않을까 했어요. 그래야 오해가 사라질 거라 생각해서요. 요조 님이 말씀하셨던 것과 비슷한데요. 처음 보면 저도 약간 작고, 여리여리하고, 하애서, 다들 얌전하고, 말 없을 것

같고, 조용할 거라 생각하거든요. 그런데 사람들의 생각보다 말하는 게 세고, 강하고, 거침없어요. 저도 이걸 잘 알고 있고 장단점이 굉장히 크다고 생각해요. 일단 장점은 의사표현이 명확하고 남을 절대 헷갈리게 한 적이 없었어요. 여태까지 누구한테 오해를 산다거나 혼란스럽게 하진 않았는데, 동시에 그게 단점이 되는 거죠. 상대방의 기를 죽일 때도 있고, 때론 움찔하게 하는 게 느껴지기도 해요. 특히 회사에서 제가 직급이 높지 않은데도 상사한테 할 말 다 하거든요. 그러면 상대가 약간 움찔하는 게 보이는 거죠. 사회생활 하면서 느낀 게 "미안합니다."랑 "감사합니다."를 입에 달고 살자는 거예요. 일단 할 말은 다 해요. 그러고 나서 "죄송해요. 죄송해요. 감사합니다." 하는 거죠. 이러면 일단은 다 넘어가요. 친구들한테는 사실 그게 잘 안 되기도 해요. 그래도 친구들은 저를 오래 보기도 했으니까 제가 아무리 센 소리를 해도 "쟤는 속으로는 아닌 거 아닐까." 하고 그냥 넘어가 주죠. 그래서 제가 여기서도 그럴까 봐 미리 얘기를 하는 게 좋을 것 같았어요. 제가 또 잘못하면 죄송하다는 말을 많이 할 것 같아요. (웃음)

그리고 저는 작년 이후로 성격이 많이 바뀌었어요. MBTI로 그냥 쉽게 말씀드릴게요. 원래는 ISFJ 였다가 INTJ가 됐어요. 근데 스스로 INTJ라는 게 너무 싫은 거예요. 너무 싫어서 다섯 번을 다시 검사했어요. 사람들 말로는 INTJ가 로봇 같고 감정도 없대요. 근데 저 진짜 감정 많거든요. 맨날 집에서 혼자 책 보면서 울고, 유튜브 보다가 혼자 울고. 밖에서는 잘 안 울어도 집에서는 혼자 맨날 우는 사람인데 내가 INTJ라니. 그래서 왜 바뀌었는지 생각을 해봤어요. 제가 어렸을 때 부모님이 이혼을 하셔서 아빠를 거의 10년 동안 안 봤다고 해야 되나, 못 봤다고 해야 되나. 아무튼 그렇게 지냈는데, 작년 초에 갑자기 아빠가 암 때문에 돌아가셨어요. 그 과정에서 동생이랑 둘이서 거의 모든 걸 해결해야 했어요. 그런 일을 겪으면서 많이 힘들어서 상담도 받았어요. 길 가다가 차가 보이면 '그냥 치여서 죽어버릴까' 이런 생각까지 들더라고요. 그때 상담 선생님이 하셨던 얘기가 제가 상대방에게 공감을 너무 깊게 한다고 하시더라고요. 모든 거에 다 그렇게 한대요. 근데 그러면 안 된다는 거예요. 그래서 정말 T처럼 생각해야겠다. 무조건 공감하지 말고 감정은 다 배제해야겠다고 생각했어요. 제가 살기 위해서요.

그러던 와중에 작년 말 회사에서 건강검진을 했어요. 그랬는데 건강검진을 하니까 갑상선에 뭐가 나왔대요. 친구들한테 말하니까 "요즘은 다 진주 같은 거 하나씩 달고 다녀. 나도 있어. 나 몇 cm야." 그러면서 대수롭지 않은 일이라고 하더라고요. 그래서 저도 별거 아닐 거라 생각했어요. 그래서 근처 병원에 예약을 하고 초음파 결과를 가지고 갔는데 "암인 거 같은데요." 이러는 거예요. 처음엔 안 믿었어요. 무슨 내가 암이야. 이렇게 건강하게 사는데. 저는 아까 말씀드린 것처럼 등산, 크로스핏, 마라톤 같은 운동을 진짜 좋아해요. 술도 많이 안 마시고, 심지어 밥 먹을 땐 무조건 야채를 같이 먹어요. 어렸을 때부터 약간 건강 염려증이 있었나 봐요. 그렇게 평소에 건강에 신경을 많이 썼는데. 세침검사하고 초음파 검사 해보니까 암이 맞대요. 그래서 결국 저는 3월 말에 갑상선암 수술을 했어요. 지금은 괜찮대요. 4월 한 달 동안 병가를 쓰고 이제 다시 회사를 다니고 있어요.

이 두 에피소드로 제가 느꼈던 게 있어요. 아빠가 거의 60세 때 마지막 인사도 못하고 돌아가신 거였어요. 이걸 보면서 '인생 진짜 짧다. 그래, 진짜 내가 하고 싶은 걸 해야 된다' 이런 생각을 많이 했어요. 60살에 내가 죽는다고 가정을 해봤어요. 그러면 생각보다 얼마 안 남았더라고요. '아끼다 똥 된다'는 말이 딱이죠. 이 말은 제 동생이 저한테 맨날 하는 말이에요. 동생이랑 저랑 너무 다른 게, 동생은 돈이 생기면 무조건 자기가 사고 싶은 거에다 쓰는 사람이에요. 저는 무조건 아껴서 모아놓아야 마음이 편하고요. 절 보고 동생은 "아빠 못 봤어? 이제 옷 같은 것도 제발 비싼 거 사. 알았어?" 이렇게 말해요. 그리고 두 번째는 인생은 내 마음대로 되는 게 없다는 거예요. 제가 건강을 그렇게 따졌는데 암에 걸린 게 너무 수치스러웠어요. 맨날 사람들한테 "야, 나는 건강해. 술도 안 먹고, 운동도 열심히 해서 건강해."라고 말하고 다녔는데, 수술 소식을 말하면서도 부끄러웠어요. 인생은 진짜 아무도 모른다. 이 생각을 하게 됐어요.

그래서 이 모임에 참여하게 된 계기는 저도 책을 쓰고 싶어서요. 나중에 한 50~60대 정도 되면 책을 한번 써보고 싶다는 생각을 항상 하고 있었거든요. 제가 책 읽는 걸 굉장히 좋아해요. 여기 계신 분들은 저보다 더 많이 읽으실지도 모르겠지만, 그래도 저는 회사원인데도 연간 한 30~40권 정도는 읽거든요. 그냥 재밌어서 많이 읽는 거고 심지어 읽은 거 잘 기억도 못해요. 정말 순전히 재미로 읽는 거죠. 제가 글을 잘 쓰진 못하는 것 같은데, 워낙 독서를 좋아하니까 책을 써보고 싶다는 생각을 항상 해요. 그런데 이 모임은 대화 내용이 책이 된다고 해서 "그럼 이거를 발판으로 삼아서 나도 나중에 해볼까?" 이런 마인드로 신청하게 됐어요.

<u>요조</u>　그러셨구나. 서희 님, MBTI에서 F가 T로 바뀌는 경우는 어떻게 설명을 할 수 있나요?

<u>신서희</u>　원래 MBTI는 융의 이론을 바탕으로 했기 때문에 기본 전제는 선천적이에요. 그런데 그렇게 성향이 바뀌는 거는 환경의 변화 때문이죠. 원래 입던 옷이 있는데 새 옷을 사면 처음엔 좀 어색하고 낯설잖아요. 하지만 시간이 지나면 이게 내 옷 같아지죠. 마찬가지로 환경의 옷을 입으면서 나중에는 오히려 이 옷이 내 옷처럼 더 편해지는 셈이예요. 근데 사실 버들 님이 말씀하신

남한테 딱 명확하게 잘라서 말하는 성향이 F이기는 어려울 것 같아요. F 성향은 '내가 이렇게 말하면 이 사람 마음이 어떨까?'에 초점을 맞추기 때문에 명확하게 말하는 사람치고 F 성향이기는 어렵거든요. 그러니까 처음에 검사하셨을 때 F가 나왔다면, '난 F이고 싶다'라고 생각했을 가능성이 더 높을 거예요. 원래 자신의 색깔이 강하고 명확하게 딱 잘라서 판단해서 말을 하는 성격이었다면 아마 기존의 성향 자체가 T였을 것 같아요.

요조   저는 제 MBTI를 바꾸고 싶어 하는 그런 성격이에요. 저는 F인데 T가 되고 싶다는 생각을 많이 해요. 너무 F 성향이 강해서 제가 스스로를 피곤하게 만드는 것 같아요. 서희 님이 말씀하신 것처럼 상대방하고 대화할 때 '내가 이렇게 말하면 이 사람이 이렇게 생각하겠지' 이런 걸 많이 고려하는 거죠. 상대방이 이렇게 생각할 수 있으니까 그럼 나는 a가 아니라 a'로 바꿔서 말해야겠다고 끊임없이 상황을 시뮬레이션해요. 나중에는 뭐가 뭔지 모를 정도로 고민이 많고요. 예를 들어서 버들 님 같은 경우에는 누가 헤어스타일을 바꿨을 때 그냥 "오, 별론데." 이렇게 직언하는 스타일이라면, 저는 별로라고 하면 상대가 기분 나쁠 수 있으니까 그때부터 고민을 시작하죠. 그냥 머리가 예쁘다고 할까, 아니면 바꾼 걸 모르는 척하는 게 더 나을까. 여러 가지 경우의 수를 한참 고민해요. 어떨 때는 그게 오히려 일을 그르칠 때가 있어요. 고민하다가 저 스스로 지쳐버릴 때도 많고요.

신서희　근데 원래 MBTI에는 좋고 나쁨이 없기 때문에 중년 정도까지는 자기 원래 성향을 잘 계발하는 게 좋아요. 중년 이후에는 나의 반대 성향을 노력해서 훈련하는 게 가장 건강하죠.

심에스더　저는 이 책을 읽으면서 MBTI 생각을 되게 많이 했어요. 요새 MBTI가 K-심리검사로 기능하면서 관련 예능도 나오잖아요. 사주냐 MBTI냐 이런 거요. 사람들이 굉장히 흥미롭게 다루고, 사실 요즘은 MBTI를 말하지 않고서는 자기소개도 어렵고 누군갈 파악하기 어려울 만큼 유행이 됐죠. 근데 저는 MBTI가 장점도 있지만, 어떤 사람을 이해하는데 편견이 되기도 하고 스스로를 볼 때도 틀이 되는 것 같아요. 제가 제일 재밌게 생각하는 게 자신의 행동에 대해서 그게 자기 MBTI랑 다르면 당황하는 반응이에요. "나 F인데 왜 이래?" 이렇게요. '내가 MBTI에 맞춰서 뭘 해야 되나' 약간 이런 생각이 들 때가 있더라고요. 그래서 MBTI라는 게 재미도 있고 누군가를 알아가는 데 있어서 힌트를 주는 리터러시의 역할도 하지만, 때론 편견이 되는 좁은 틀이기도 하다는 생각이 들 때가 있어요.

요조　맞아요. 저도 진짜 똑같은 생각을 했는데. 그래

서 제가 내린 잠정적인 결론은 MBTI를 선택적으로 받아들여야 될 필요가 있다는 거예요. 제가 MBTI를 모르던 시절에는 버들 님처럼 말을 직설적으로 하는 사람들을 보면서 '얘는 말을 멋대로 하고 성격이 좀 별로야' 이런 식으로 생각했거든요. 그런데 지금은 MBTI라는 기제를 체화하다 보니까 '얘는 나쁜 게 아니라 그냥 T라서 그래. T라서 표현을 이렇게 하는 것뿐이야'라고 생각을 할 줄 알게 됐어요. 저는 그게 너무 좋은 변화라고 생각해요. '쟨 나쁜 사람이야'가 아니라 '얘는 그냥 나랑 좀 다른 사람이야'라고 생각할 줄 알게 된 게 굉장히 좋아요. 그런데 또 한편으로는 에스더 님이 말씀하신 것처럼 '나 F인데 왜 이러지? 나 P인데 왜 이렇게 지금 계획적이지? 이거 나 아니야' 이러기도 하고, '나는 P라서 그거 못 해' 이런 식으로 지레 자신에게 한계를 두는 경우도 많았어서, 그런 영향은 의식적으로라도 거부하고 이러지 말아야지 노력해요. 나는 P여도 얼마든지 J다울 수 있고, J여도 때로는 P 같을 수도 있다고, 노력 여하에 따라서 달라질 가능성이 있다고 생각합니다.

신서희 MBTI는 기본적으로는 나를 이해하는 도구이지만, 그보다는 타인을 이해하는 도구로 쓰는 걸 더 추천해 드려요. 대인관계에 필요한 도구로요. MBTI에는 Form K라는 심화 검사 도구가 있어요. 예를 들어 F라고 해도 100% F 성향만 있는 게 아니라 어떤 부분은 T 성향도 갖고 있게 마련인데, 그 부분을 더 심화해서 파악하는 검사예요. 일종의 "oops"라고 표현하는 예외적인 영역을 알아보는 검사죠. 저는 P인데 어떤 면에서는 J일 때가 있거든요. 그런데 Form K 검사를 하면 저는 '여가생활'에 있어서만 J 성향이더라고요.

요조   맞아. 유독 그런 친구들이 있어요.

신서희   사실 평소에 P 성향이 많더라도 모든 경우에 P일 수는 없는 거죠. 저는 기본적으로 F 성향이지만 사회생활 하면서 T 성향이 많이 개발됐어요. 일할 때는 T여야 되잖아요. 어떻게 맨날 남의 생각을 고려하겠어요. 의식적으로 연습을 하는 거죠. 이런 경우에는 반대 성향이 개발되기도 해요. 하지만 MBTI는 기본적으로 나에게 적용하기보다, 아까 요조 님이 말씀하신 것처럼 '저 사람은 T 성향이니까 저렇게 말할 수 있는 거지' 하는 식으로 남을 이해하는 도구로 쓰는 게 제일 좋을 것 같아요. 어떻게 16가지로 사람을 딱 구분하겠어요.

심에스더   그래도 예전 혈액형보다는 많네요. (웃음)

신서희   사람의 기질과 성향을 전반적으로 이해하기에는 되게 좋기도 한 것 같아요.

요조   맞아. 그리고 MBTI를 신뢰하지 않더라도 일단 다른 사람한테 뭔가를 설명할 때 너무 좋은 도구더라고요. 얼마 전에 제 친구가 요즘 힘들어하는 일에 대해 구구절절 설명을 하는데 무슨 말인지 잘 이해가 안 되길래 구체적으로 뭐가 힘들다는 건지 잘 좀 얘기해 보라고 했어요. 그랬더니 "간단히 말해서 P인데 J같이 굴려니까 힘들다고."라고 말하더라고요. 바로 무슨 말인지 이해했어요. (웃음)

심에스더   그런 면에서 진짜 도움이 되는구나.

어디까지가 리터러시일까?

요조   자기소개를 하고 서로를 알아가는 시간을 간단하게 가져보았습니다. 각자가 어떤 일을 하고 어떤 세상 속에서 살아왔는지 대략적으로나마 알게 된 것 같아요. 이제 본격적으로 책 속의 이야기를 해볼까 해요. 이 책이 기본적으로는 리터러시에 대한 이야기이지만 굉장히 많은 분야를 건드리는 책인 것 같았어요. 그래서 각자 가장 와닿았던 부분이 다를 것 같아요. 본인에게 가장 와닿았던 부분이 어디였는지, 그리고 왜 그랬는지 이야기를 들어보겠습니다. 또 나머지 분들은 첨언할 게 있다면 말씀해주세요.

신서희 저는 사실 이 책이 좋으면서도 좀 어려웠어요. 제가 대화집이라는 형식에 익숙하지 않았거든요. 차라리 한 번에 쭉 연결하면 오히려 잘 읽히겠다는 생각도 들더라고요. 말 자체가 어렵다기보다는 흐름이 여기 갔다 저기 갔다 해서 어려웠어요. 내용상으론 아무래도 교육 파트가 제일 많이 와닿았어요. 교육이라는 게 앎이 아니라 앎을 다루는 문제이고, 앎이 삶으로 이어져야 된다는 부분이요. 또, '매체를 다루는 역량'이 우리가 흔히 아는 리터러시인데, 그 뿐만 아니라 '매체가 다루는 것을 다룰 줄 아는 역량'이 필요하다고 말하는 게 굉장히 인상적이었어요. 인간관계와 소통과도 이어지는 모든 총체적인 삶의 역량 자체가 리터러시라는 거. 어떤 한 문구보다는 166쪽에서 168쪽까지 이어지는 이 부분이 좋았어요. 리터러시를 단순히 매체를 다루는 역량이 아니라 관계와 소통으로 이어지는 삶의 문제로 보는 게 좋더라고요. 역시나 저는 직업이 직업인지라 교육 파트가 관심이 가요.

요조 저도 이 부분 접어놓기는 했는데, 저는 여기서 이야기하는 리터러시 능력이라는 것이 실천하기 정말 어려운 일이라고 생각해요. 종교도 그렇잖아요. 전도를 할 때 어떻게 접근하느냐에 따라서 천차만별이죠. "예수님만 믿으면 천국 가는 겁니다." 하고 간단하게 접근하는 사람이 있고, 정말 믿음이라는 것이 어떤 것인지를 깊이 이야기할 수도 있죠. 깊은 믿음에 대해 듣다 보면 '내가 과연 예수라는 존재를 믿을 수 있을까? 믿음이라는 게 이렇게 어려운 거라면 내가 과연 이 종교를 믿는 일이 가능할까?' 하면서 약간 엄두가 안 나는 느낌이 들잖아요. 저는 이 책을 읽으면서 리터러시가 그랬어요. 그리고 앎이라는 것을 다룰 능력에 대해 이야기한 부분도 어려웠어요. '이거 어떻게 다뤄야 돼?' 하면서요.

버들 저도 '이게 가능하긴 한 걸까?' 했어요. 하고 싶다고 되는 일이 아닌 것 같아요.

신서희 사실 저는 결론적으로 리터러시를 꼭 이렇게까지 확대 해석해야 되나 싶은 생각도 들어요. 흔히 알고 있는 리터러시는 그냥 '문해력' 정도인데 이거를 이렇게까지 꼭?

요조 맞아요. 저도 그런 생각을 했고 그러다 보니 어렵게 와닿았던 것 같아요. 서희 님은 '다룸'이라는 게 어떤 것인지 느낌이 오셨나요?

신서희 결과적으로는 맥락을 총체적으로 다루는 것이 관계로 이어지는 게 아닐까 싶기도 해요. 맥락을 다룰 줄 아는 것이 삶을 다룰 줄 아는 것인지는 사실 잘 모르겠어요. 그래도 일단은 그렇게 관계가 이어지는 것이 아닐까 생각을 했죠. 확실한 것은 이 책은 문해력을 단순히 매체를 다루는 역량을 넘어서 더 넓게 보는 시야고, 결국 삶으로 연결되어야 한다고 말하고 있는 것 같아요.

요조 혹시 다른 의견 있으신 분 계실까요? 저는 이 '다룸'의 문제에서 '스킬'이라는 단어가 떠올랐어요. 그러니까 기술 같은 거요. 우리가 보통 관계에 접근하는 방식이 진심, 솔직함, 진정성이잖아요. 진정한 관계를 위한 덕목 같은 걸 생각해보면 그런 게 떠오르죠. 그런데 '다룸'은 그런 덕목이 아니라 일종의 스킬이 아닐까 해요. 물론 마음과 진심도 중요한 부분이지만 관계에 있어서 스킬을 요하는 상황도 많죠. 이런 스킬이 중요한 영역 중 하나가 연애잖아요. 연애할 때 물론 가장 중요한 것은 서로를 사랑하는 진실한 마음이겠지만, 서로 사랑하는 마음만 있다고 해서 연애가 잘 되는 게 아니라는 걸 우리 모두가 경험했고 주변에서 쉽게 확인할 수 있지요. 연애를 잘하기 위해서는 사랑의 농도도 중요하지만 확실히 스킬이 필요해요. 흔히 말하는 '밀당' 같은 거. 그런 거를 연애 전문가들이 나와서 "이렇게 해라. 저렇게 해라." 설파도 하고요. 연애 많이 해본 사람들은 이렇게 연락을 한다. 이런 방법론. 어떻게 보면 되게 약삭빠르고 좀 가증스러워 보일 수도 있겠지만, 어쨌든 그게 기술로서 유효하기 때문에 우리가 전문가까지 초빙해서 얘기도 듣는 거 아니겠어요? 마음이 너무나도 앞서서 상황을 그르치는 사람을 우리가 '미숙하다'라고 하듯이 기술은 마음과 더불어서 갖추어야 하는 조건 같은데요. 저는 리터러시에서도 스킬이라는 게 요구되는 것인가 했어요.

신서희   저도 '다룸'이 결국 삶으로 연결된다는 게 진심을 얘기한다기보다는 소통의 기술을 말하고자 하는 게 아닐까 싶었어요. 결국은 소통의 기술, 소통을 잘해서 관계를 잘 맺는 것. 그래서 그게 삶으로 연결되는 것을 말하는 거죠. 마음 깊숙이 있는 진심을 얘기하는 건 아닌 것 같고, 그걸 다룰 수 있는 능력을 얘기하는 거 같아요.

조한진   저는 이 부분이 공감이 될 듯 말 듯 했어요. 알고 있다면 더 노력하라고 하는 책무를 얘기하는 부분이요. 알면 더 노력해라.

요조   리터러시의 문제는 리터러시가 되는 사람들에게 있다.

조한진   내가 상대를 이해하는 스킬이 리터러시인 건 알겠어요. 그런데 이해했으면 더 노력하고 부족한 사람들을 끌어줘야 하는 것까지를 리터러시라고 하니까. 그거는 어려운 일이고 누군가에게 그걸 하라고 권할 수 있는지 모르겠어요. 흔히 알고 있는 문해력은 내가 이해하면 되는데. 이 책은 그걸 위해서 다리 놓기도 하라고 하고,

윤리 얘기도 하니까요. 많은 것들을 요구하고 있는 것 같아요. 그걸 해야 리터러시라고 얘기하고 있는 것 같아요. 그러니까 아는 것에서 끝나면 안 된다. 그리고 저에게 초등학생 아이가 있어요. 책을 읽으면서 저 스스로 해야 되는 것들에 대해서도 생각했지만, 많은 부분에서 우리 아이한테 어떻게 적용될 것인가 고민되더라고요. 말씀해 주신 다정함과도 연결이 돼요. 상대방을 배려하고 이해하려 노력해야 한다. 그런 것들이 리터러시를 위한 한 움직임이라는 것도 알게 되었고, 이렇게 하는 것이 맞는 일이겠다는 생각이 들죠. 하지만 리터러시를 가진 아이가 됐으면 좋겠으면서도, 그게 옳다고 자신 있게 얘기할 수 있을까 좀 갸우뚱해지더라고요. 예를 들어 아이가 친구와 싸웠을 때 저는 주로 그 친구 입장에서 생각해보라고 얘기를 해주곤 하는데요. 이것이 어찌보면 리터러시를 위한 노력이라고 할 수도 있을텐데, 지나고 나서 생각하면 잘 모르겠어요. 주변은 다 자기 말이 맞다고 이야기하는 시절인데, 혹시 그게 손해 보는 삶은 아닐까. 자라나는 아이한테는 어떤 게 맞을까. 그런 생각이 들더라고요.

버들　저는 그래서 책을 다 읽고 나서 결국은 "도를 닦아라."라고 말하는 게 아닌가 싶었어요.

요조　말씀하신대로 그런 면도 있어요. 희생을 요구하

기도 하고요. 솔직히 말하면 저는 문해력이 안 되는 사람들을 비난하고 혐오해야 되는 게 아니고, 문제는 오히려 문해력이 있는 사람들에게 있다는 논조를 보고 약간 억울한 감이 있었어요. 문제는 그들에게 있는 게 아니니, 문해력이 되는 사람들이 더욱 다리 역할을 해서 노력해야 한다는 거요.

심에스더 비슷할 수도 있는데 저는 조금 더 뒷부분, 172쪽 두 번째 단락이 좋았어요. 리터러시가 더 이상 문자 해석에 머무르지 말고 '멀티 리터러시'로 확장되어야 한다는 거, 그리고 말귀를 포함해야 된다는 거. 그런 얘기요. 제가 가장 와닿았던 부분은 '타자의 세계에 대한 이해'였어요. 결국 리터러시라는 건 여러 과정을 거쳐서 우리가 타자를 있는 그대로 이해하는 걸 목표로 하니까요. 책에서 '두껍다'라는 표현을 많이 쓰잖아요. 그 표현이 너무 마음에 들었어요. 한 사람의 두께를 내가 보고 싶은 만큼만 보는 게 아니라, 완벽한 관통이 아니더라도 그 촘촘함을 이해하려는 노력. 그런 노력을 해야 한다는 얘기니까 말씀하신 대로 정말 도 닦는 경지이기도 하네요.
　그리고 그 과정에서 리터러시가 부족한 사람을 비웃거나 "요즘 것들 큰일 났어." 하지 않는 게 중요하다는 거요. 옛날에는 텔레비전이 바보상자 취급을 받았잖아요. 그래서 아직도 동영상 매체를 볼 때면 묘한 죄책감이 있어요. 뭔가 스스로 바보가 되는 길을 가고 있는 것 같고.

동영상을 볼수록 머리가 굳어지는 거 같고요. 텍스트 콘텐츠를 다루는 게 진짜 지식인이고 성숙해 가는 인간의 한 과정인 것 같다는 생각이 있었어요. 그런데 이 책은 그 부분에서 죄책감을 덜어줬어요. 기성세대는 10~20대에게 "요즘 애들 책 안 봐서 큰일이야. 아무래도 글을 읽어야 되는데."라면서 그들을 평가하지만, 사실상 그 평가자가 게으른 게 아니냐는 의문. 미디어와 동영상의 영향력이 커진 시대에 우리의 기준으로, 우리에게 익숙한 것으로 변화하는 세대를 평가하고 심사하는 게 과연 옳은가 하는 물음. 이 이의 제기에 굉장히 위로를 받으면서도 한편으론 찔리기도 했어요. 그런 면에서는 정말 책임감을 가져야 하지 않을까 하는 생각이 들고, 또 맘 편히 동영상을 더 많이 봐야겠다고 생각했죠. (웃음) 제가 책에서 말하는 것처럼 도를 닦을 수 없고 완벽할 수 없다고 해도, 그게 궁극적으로 되고 싶은 모습인 것 같기는 해요. 어떤 한 사람을, 타인의 세계를 이해하기 위해서 나의 리터러시가 존재한다는 것. 한 사람의 세계를 있는 그대로 이해하기 위해서요. 결국 글을 읽는 것도 사실 작가의 생각과 세계를 이해하는 일이라고 생각하고요. 내가 지식인이 되어서 권력을 가진 오피니언 리더가 되고자 리터러시를 키우는 게 아니라, 지금 내 앞에 있는 타자의 세계를 더 깊이 이해하고 있는 그대로 받아들이기 위해서 리터러시가 필요하다는 말이 참 아름답다는 생각이 들었어요.

어떤 사람을 볼 때 내가 가진 기존의 지식과 편견을 토대로 그 사람을 결정짓고 깊이 생각하지 않는 경우가 흔하잖아요. 빈대떡을 예로 들어볼까요? 한국인들이 외국인한테 빈대떡을 설명할 때 항상 '코리안 피자'라고 말해요. 그 밖에도 새로운 걸 기존에 알고 있는 익숙한 것과 연결해서 설명하려는 경우들이 많죠. 그게 접근성을 높이고 진입 장벽을 낮추는 의미는 있겠지만, 그 설명 방식에서 더 나아가지 않으면 피자와 다른 빈대떡의 고유성을 잊어버리게 된다고 생각해요. 빈대떡뿐만 아니라 외국의 저 산과 한국의 이 산은 엄연히 다른데 "이건 한국의 에베레스트야."라고 말하는 순간 우리 산이 가진 특성이 납작해지고 단순해지는 거죠. 사람을 소개할 때도 "얘는 한국의 마돈나야."라고 한다면 물론 굉장한 찬사지만, 그 개인이 가진 개성은 뭉개져 버리는 모습에 대한 고민이 있어요.

요조   그래서 제가 홍대 여신이라는 별명을 그렇게 싫어했습니다….

심에스더   맞아요. 한 사람의 고유성과 입체성을 이해하기 위해 리터러시가 사용돼야 하는 건 진짜 중요하지 않을까 생각해요. 사람을, 사회를, 세상을 이해할 때 리터러시는 정말 중요한 역할이에요.

요조   말씀하신 것과 약간 다른 의미일 수도 있지만 타인을 이해하는 태도로서의 리터러시가 어려운 이유 중에 하나가, 좀 지는 것 같은 느낌 때문인 것 같아요.

심에스더   그치, 그치. 나만 좀 손해 보는 것 같기도 하죠.

요조   나만 져주고 들어가는 느낌이 있어요. 제가 최근 1년 사이에 유튜브를 굉장히 폭발적으로 많이 보게 됐는데, 유튜브 풍토를 보면 뭔가 절대 지면 안 될 것 같은 어떤 강박이 잔잔히 흐르고 있어요. 부동산, 우정, 사랑, 여행. 모든 거에서 일단 지면 안 돼. 무조건 승산이 있어야 되고, 성공해야 되고, 이득이 있어야 되고, 내가 상대를 이해하고 받아들이는 게 나만 숙이고 들어가서 손해를 보는, 호구된 것 같은 기분인 거죠. 그래서 더 어렵고 안 하려고 하는 것 같은 거예요. 연애 콘텐츠 같은 경우도 보면 〈내가 갑이 되는 법〉, 〈내가 차는 법〉, 〈상대방이 나한테 미련 갖게 하는 법〉, 〈상대방한테 다시 연락 오게 하는 법〉. 다 이런 식이에요. 내가 절대 져선 안 된다는 강박적인 콘텐츠들이 많아요. 그런 걸 보면 연애 전문가라고 하는 사람들이 다 이렇게 얘기해요. 예를 들어 재회하는 방법. 절대 먼저 연락하지 말고 가만히 있어라. 헤어지자고 하면 매달리고 울지 말고 쿨하게 보내라. 이렇게 해야 상대방이 미련을 갖고 나한테 온다. 또 연애할 때 갑이 되는 방법은 상대보다 나를 더 중요하게 생각하는 게 1순위래요. 상대방이 나한테 해주는 것 이상으로 잘해주면 만만해 보여서 차인다는 거죠. 거기서 이야기하는 연애관계에서 오래가고 승산이 있다는 논리의 기제가 절대 손해 보지 않고, 져주지 않고, 나를 놓치지 않는 방식으로 이루어지는 거예요. 근데 만약에 둘이 연애를 하는데 상대방도 알고보니 똑같은 연애 유튜브를 보면 어떡해요? 그럼 상대도 자기 패 안 내놓고 나도 내 패 안 내놓고. 그렇게 해서 과연 그 관계가 오래갈 수 있을까 의문이 드는 거예요. 이런 상황에 책에서 요구하는 리터러시를 추구하는 게 너무 힘든 거죠. 아까 버들 님이 말씀하신 것처럼 진짜 도 닦는 거랑 비슷하게 나를 내려놓아야 하는데. 어떻게 보면 내가 손해 보고 지는 듯한 모습으로서 이루어지는 건데 그게 가능할까? 사람들의 자존심이 그것을 허락할까? 저부터 약간 저항심이 들던데요. 아까도 말씀드렸지만 나만 하기 뭔가 좀 억울하고요.

버들 사실 저는 항상 이기려고 살아왔거든요. 성격 자체가 지면 열받아요. 크로스핏을 오래 한 이유도 사실 나와의 경쟁에 너무 도취해서예요. 1년 전보다 몇 kg 더 들 수 있다. 이런 거 있잖아요. 독서도 '작년보다 더 읽었네?' 이런 식. 자신과의 싸움에 너무 집착하고, 나를 이기는 재미에 취해서 살다 보니까 아픈 것 같은 거예요. '그래서 내가 병이 났구나' 했어요. 한의학에서는 갑상선

암을 화병이라고 한데요. 아등바등 살려고 하는 거요. 다른 원인이 없고 무조건 스트레스 때문이라고 들었거든요. 아무리 생각해봐도 이런 경쟁 심리 때문에 아파진 것 같다는 생각이 드는 거예요. 그래서 안 그래도 그런 생각을 하던 와중에 이 책을 읽으니까 진짜 도 닦고, 지는 게 이기는 걸 수도 있겠다 싶었어요. 그냥 조금만 져볼까 생각하면서 사는 게 나은 거 같아요. 전에는 사실 회사에서 나한테 득 되는 것도 없는 야근 절대 안 하려고 했어요. '난 무조건 집에 간다' 이랬죠. 근데 이제는 '그래, 야근 좀 할 수도 있지' 생각해요. 또 남의 말에 동의하지 않아도 아니라고 쏘아붙이기보다는 '그래. 저 사람도 이유가 있겠지' 이렇게 넘겨요. 조금 내려놓으려고 하니까 비로소 약간 숨통이 트인 느낌이에요.

심에스더 제 생각에 그래서 책에서 그렇게 비경쟁과 사회의 역할을 많이 얘기했다는 생각이 들어요. 결국 이건 한 개인의 싸움이 돼선 안 되는 거고 모두의 노력이 필요한 거죠. 사람들이 전부 서로 눈치 보고, 호구 안 되고, 손해 안 보려는 경쟁 체제에서 거대한 사회구조는 계속 이렇게 돌아갈 수밖에 없어요. 이 구조 속에서 개인은 아프고, 지쳐서 득도를 해야 비로소 벗어날 수 있는 거죠. 지금은 경쟁을 멈추는 게 전부 개인의 역할이지만, 결국 궁극적으로는 사회의 역할이 얼마나 중요한지 말하고자 하는 책인 것 같아요. 개인도 열심히 도를 닦아야 되지만 사회도 그럴 수 있는 환경을 마련해 줘야한다고. 홍천여고 사례*가 그렇죠. 사회와 제도가 다 같이 경쟁 안 해도 되도록, 쉬엄쉬엄 가도 되게 해주면 좋잖아요. 사회가 구성원들에게 "너 손해 안 되게 우리가 막아줄 테니까 이제 다른 사람을 이해해도 돼." 이렇게 해주면 정말 좋을 것 같은데. 그런 사회가 아니라는 것에 굉장히 우려를 표하고 결과적으로는 사회가 먼저 바뀌어야 된다는 얘기를 하고 있으니까요. 근데 참, 정말 어떻게 바뀌냐…. (웃음)

버들 정말 어떤 노력을 해야 되는지….

심에스더 여기 책 속에 장학사님 얘기가 나오긴 하거든요. 그분들의 도움이 있어서 홍천여고 사례도 가능했다고. 그래서 정말 이렇게 변화를 만들 수 있는 위치에 있는 분들이 좀 더 힘을 모아주시면 불가능하지만도 않겠다고 생각했어요. 서희 님, 부담드릴까 봐 제가 쳐다보지 않을게요. (웃음) 이건 진짜 개인만으로는 못해요. 나만 손해 보고 싶지 않은 마음이 저도 드니까.

요조 맞아요. 한진 님은 어떤 부분이 가장 인상 깊으

* 홍천여고에서는 2015년부터 독서동아리를 통한 '함께 읽기'와 '비경쟁 독서토론'을 통해 학생들의 리터러시 능력을 기르고 있다. 《유튜브는 책을 집어삼킬 것인가》에서도 해당 내용이 나온다.

셨나요?

조한진 저는 158쪽부터 159쪽이요. 리터러시 교육이 어려운 이유가 사람들이 긴 글을 읽어내는 걸 힘들어하기 때문이고, 이를 해결하기 위해서 '너무 많이 읽지 않아도 된다는 사실을 알게 하는 것'이 필요하다고 말하고 있어요. 모두가 세상의 지식을 다 알 필요는 없고, 내가 알아야 하는 것에 대해서만 알고, 나머지는 신뢰할 만한 사람에게 의지하면 된다는 것인데, 이것을 '매개된다'라고 해요. 하지만, 지금의 우리 사회는 매개되는 것에 신뢰가 없어요. 그래서 세상에서 돌아가는 모든 일들을 자기가 전부 알려고 한다는 거에요. 무슨 일이 생기면 다 검색하고 전문가가 되려고 하는데, 이 과정에 피로감이 쌓이게 되고, 이러한 과도한 '읽음'이 오히려 리터러시를 방해한다는 것이죠. 이러한 피곤함을 줄이기 위해서는 신뢰할 만한 중간 집단이 있어야 한다. 그래서 '저 사람들이 하는 말을 들으면 돼. 내가 전부 알 필요는 없어. 저 사람이 전문가인데 나보단 훨씬 잘 알지'가 되어야 하는데, 우리 사회에는 이런 중간 집단에 대한 신뢰회복이 중요하다는 내용이에요. 많이 공감되는 말이었어요.

그래서인지 저는 요즘 어떤 사회 현상이나 정치적인 문제를 접했을 때 옳고 그름을 잘 판단하지 못하겠어요. 왜냐하면 "저 사람 진짜 잘못했다는데 맞아?"라는 물음에 제가 직접 찾아보고 확인하지 않으면 그대로 믿지 못

하는 거죠. 언론도 종종 자기 생각대로, 편향적으로 말하곤 하죠. 그러니 못 믿는 거예요. 제가 원래 정치적인 사람은 아닌데 요새는 화가 많이 나더라고요. 도대체 이게 뭐지? 난 그래도 어느 정도는 사회를 이해하려고 노력한다고 생각하지만, 본인 이외의 문제들에는 진짜 아예 담쌓고 지내는 사람도 많겠다고 생각해요. '의도적으로 이것을 바라는 건가?' 싶기도 하고요. 어떤 경우에는 조금만 찾아보면 사실관계도 맞지 않은 걸 보도하거나 대중에 공개하기도 하죠. 이런 가짜 뉴스들이 오히려 리터러시를 방해하는 것들이 아닌가. 리터러시를 떠나서 한 번쯤 생각해볼 만한 이야기가 아닌가 싶었어요. 정말 믿을 만한 중간 집단이 없어요.

버들   저도 궁금한 게 생기면 영어까지 동원해서 전부 구글링을 해요. 밤을 새워서요. 나의 궁금증을 채우기 위해. 이게 정말 타당한지 알아보기 위해서 논문까지 찾아봐야 직성이 풀리고 믿을 수가 있어요.

조한진   어딜 가든, 누구랑 얘기를 하든, 신뢰할 만한 집단이 없다는 거죠. 이게 정말 문제고 고민이에요. 나중엔 오히려 사회적인 문제로부터 멀어지는 거예요. 얘가 맞나 쟤가 맞나 고민하기 싫고, 누구의 말도 안 듣게 되거든요. 이런 현상이 점점 더 심해지는 것 같다는 생각을 해봤습니다.

요조　　그럼 신뢰할 만한 집단은 어떻게 생겨날 수 있는 거예요? 어떻게 해야 되는 거예요?

신서희　　저는 신뢰할 만한 집단이 없다기보다는 사람들이 누구도 온전하게 신뢰하지 않는 것 같아요. 분명히 의사를 신뢰하면 되는데 전문가 말을 못 믿고 또 다른 걸 찾고. 예전에는 의사 선생님 만나면 설령 그 말이 다소 모호하다고 여겨져도 그냥 "그런가 보다." 했는데 요새는 일단 의심부터 하는 듯해요. 전문가의 소견보다 내가 보는 것이 맞다고 생각하죠. 그래서 책에서 그 뒤에 이어지는 내용이 확증 편향인 것 같아요. 알고리즘도 이런 확증 편향을 강화하고요. 그러니까 전문가 집단이 없다기보다는 누구도 저 사람이 전문가라는 걸 믿지 않는 거 아닐까요? 전문가임에도 불구하고 저 사람 말이 틀릴 수도 있다고 생각해서 또 다른 걸 찾는 거죠.

요조　　두 분 말씀을 들어보니까 '닭이 먼저냐, 달걀이 먼저냐'처럼 중간 전문가 집단의 부재도 부재인데, 정보가 과잉되다 보니 이 정보가 사실인지 저 정보가 사실인지 온전하게 신뢰를 하지 못하는 사람들의 마인드도 동시에 존재하는 것 같아요. 저만 해도 궁금한 게 있어서 블로그나 유튜브를 찾아보면 어디서는 이렇게 하라고 그러고, 저기서는 저렇게 하라고 해요. 정보가 너무 많으니까 어느 것 하나 믿을 수 없겠는 심정이 되더라고요.

심에스더   거기에 더해서 아까 요조 님이 말씀하신 것처럼 손해 보기 싫은 마음. 정보를 계속 알아낸다는 건 내가 손해 보지 않고 가장 똑똑하고 효율적인 선택을 하고 싶은 마음인 거죠. 나중에 내가 선택한 후에 더 좋은 걸 어디서 발견하면 "앗! 이거 찾아볼걸!" 하는 그런 거요. 사실 책에서 말하듯이 모두가 전문가가 될 필요는 없죠. 근데 사실 이런 자본주의 경쟁 시대에서 온전히 믿고 맡길 누군가를 찾기 어렵잖아요. 미디어도 발달하겠다, 손쉽게 찾아볼 수 있겠다, 결국 정보도 개인의 경쟁 체제가 되어버리는 것 같아요. 중간 전문가 집단? 말이 쉽지, 누가 어떻게 만들어 주냐고요.

조한진   조금 덧붙이면, 제가 느낀 점은 전문가 집단이 없다기보다는 그 집단들이 자신의 이익을 위해서 말한다는 거죠. 본인들은 다 알고 있지만, 원하는 방향은 이쪽이니까 관련된 얘기만 부각하고, 다른 건 감추고. 가끔은 감추는 것을 넘어서 거짓을 얘기하고. 이걸 한두 번 당하다 보면 대중은 그들을 아예 안 믿어 버리는 상황이 오죠. 요즘 전문가 집단이라고 하는 사람들이 거짓을 이야기하는 것과, 이러한 죄책감에 점점 둔감해지는 것이 문제인 것 같아요.

신서희   그러네요. 결국은 또 도덕성의 문제.

한오석 책 138쪽을 보면 리터러시의 역량을 개인화 할 때 양극화를 맞이하게 된다고 하죠. 그러니까 사회적인 역량을 가지고 객관성있게 논의해야 할 문제를 개인적인 시각으로 바라보고 판단을 해버리니까 전문 집단에 대한 신뢰성이 떨어지는 것 같아요.

심에스더 근데 그 부분을 또 무시할 수는 없잖아요. 왜냐면 사람들이 또 경험한 게 있으니까 "내가 찾고 말지." 이렇게 되는 경우도 생기는 것 같고요. 그리고 자꾸 병원 얘기만 해서 좀 그렇지만, 불친절한 경우도 되게 많거든요. 저도 어떤 일이 있었냐면, 오석 님이 말씀하신 대로 여기서 다른 얘기하고, 저기서 다른 얘기하고. 결국은 병원이 선택을 환자에게 맡긴단 말이에요. 정말 "이렇게 하는 게 좋겠어요."라고 속 시원하게 얘기해 주는 경우가 없어요. 왜냐하면 그렇게 해서 의료사고가 나면 책임을 져야 되니까 점점 환자에게 책임을 전가해요. 그래서 환자가 꼼꼼하게 찾아서 가면 또 어떤 의사 분들은 되게 스트레스 받으세요. 인터넷이 문제라고.

버들 맞아, 맞아. "카페 들어가지 마. 검색 그만하세요. 그만 찾아 봐." 이렇게요.

심에스더 그러니까요. 근데 양쪽 말이 저는 다 맞다고 생각하거든요. 결국은 신뢰가 없으니까 그런 일들이 생기고요. 더 재밌는 건 큰 병이 생겨서 병원에 가려고 하면 주변에서 다들 하는 얘기가 "세 군데는 가." 그게 보통인 거예요. 한 군데만 가서 절대 판단하지 말고 적어도 세 군데. 그것도 사실 되게 부담스럽거든요. 부담되고 큰일인데도 그렇게 하는 건, 첫째론 그만큼 우리가 손해 보지 않고 꼼꼼하게 하고 싶다는 거. 두 번째는 전문가에 대한 신뢰가 없고 내가 알아서 해야 된다는 거. 그러다 보니 문제가 생기면 자기 탓을 크게 하게 되는 것 같아요. '내가 제대로 알아보지 않아서 그래. 내가 노력하지 않아서' 이렇게.

<u>요조</u>　　버들 님은 어디가 인상 깊으셨나요?

<u>버들</u>　　저는 184쪽부터 186쪽까지의 내용인데요. 윤리적 주체 얘기요. 사실 저는 거의 이 부분만 머릿속에 있거든요. 185쪽에 상대의 주장이 깔끔하지 않아도, 그럼에도 그걸 담고 있을 수 있는 능력이 필요하다고 나와 있는데, 제가 이걸 못해서 말투가 직설적인 거라고 생각했어요. 이해를 하기 위해서는 판단을 유보하라고 하잖아요. 근데 저는 그게 실천이 잘 안 되거든요. 하려고 맨날 노력을 하긴 해요. 회사에서도 누구를 욕하려다가도 진짜 몇 개월을 참아요. 참고, 참고, 판단하다가 안 되겠다 싶으면 친한 분한테 카톡 해서 "저 사람 멍청이야. 어떡해. 못 배워서 그래." 막 토로하거든요. 사실 이 부분

읽고 나서 "나 이제 멍청이라는 소리 안 쓸게요."라고 선언을 했어요. 사실 다른 누군가가 저를 봤을 때 멍청하다고 할 수도 있잖아요. 내가 뭘 하든 얼마나 멍청해 보일 수 있겠어요. 그러니까 난 이제 '멍청이' 말고 '특이하다'는 단어를 쓰겠다고 했어요. 그냥 특이하다. 그래서 이 부분이 뇌리에 남더라고요. 상대의 멍청함을 치워버리고 싶은 욕망. 개운하지 않은 어떤 부분을 어떻게 잘 담고 살 수 있을지. 왜냐하면 앞으로 계속 많은 사람을 만날 테니까요.

조한진　저는 어떤 상황에서든 스스로 틀릴 수 있다고 생각하거든요. 그럼 마찬가지로 상대도 틀릴 수 있다는 거죠. 그러면 오히려 저 같은 경우엔 옳고 그름을 판단하기가 어려워요. 업무를 처리하는 상황처럼 바로 판단해야만 하는 경우에는 어쩔 수 없이 판단하지만, 그렇지 않은 평소에는 판단을 유보하는 게 더 쉽지 않나요? '상대방이 지금 하는 말은, 아마 그 사람이 처한 여러 상황이 있으니까 그랬을 거야'라고 생각해 버리는 게 전 더 쉽거든요. 근데 유보할 수 없는 상황이 있으니까 어쩔 수 없이 지금 결정해야 해서 힘든 거죠. 저한테 유보하는 건 훨씬 쉬운 일인데. 제가 F 성향이라 그런가?

요조　성급한 일반화일 수 있는데, 편의상 MBTI로 말을 하면 F와 T의 화법이 참 달라요. F 성향은 대체로 "약간 이런 경향이 있는 것 같아."처럼 완곡하게 말하지 100%로 얘기를 잘 안 해요. 약간 한 발 빼는 그런 태도들. 근데 T는 '확실하다, 100%'처럼 단정적인 표현을 많이 쓰더라고요.

버들 저는 그 확실하지 않은 태도가 답답할 때가 많아요. 확실하지 않음에도 그 정도가 굉장히 다양하잖아요. 그래도 한 80%는 확신하다든지, 아니면 10%, 50%가 있는데 사람들마다 그 불확실함과 확실함에 대한 퍼센트가 너무 다른 거예요. 그러면 이 사람이 이 말을 했을 때 내가 어디까지 받아들여야 되는가. 전 그 판단을 유보하기가 너무 힘들어요. 상대방이 속으론 어느 정도 다 생각을 해놓고 말을 하고 싶은데 그게 안 된다면, 나라도 일단 안 헷갈리게 확신을 가지고 말하자. 그래서 "나는 일단 이런데, 넌 어때?" 이런 식으로 대화를 유도하게 되는 것 같아요.

한오석 근데 그게 지역색일 수도 있을 것 같아요. 저는 충청도 사람이라 그런지 속마음을 잘 말 안 해요. 그래서 뭐가 먹고 싶어도 먹고 싶다고 안 하고. 꼭 그런 건 아니지만 경상도 분들은 직설적으로 얘기를 많이 하시니까. 혹시 저처럼 원하는 게 있는데 말을 못 하는 걸 수도 있지 않을까요?

틀릴 수 있다는 가능성

요조   이 책을 읽으면서 아마 여러 번 답답하셨을 거예요. 약간 F적인 입장이 있어요. 계속 틀릴 가능성을 열어두고 너와 내가 다름을 이해하려고 하고, 짚어주신 부분에도 '쉼표'를 얘기하면서 틀릴 수 있는 여유의 시간을 주고. 사실 제 별명이 '황희 정승'이거든요. '이것도 맞다, 너도 맞다, 그럴 수 있지' 이런 게 어찌 보면 현명하고 슬기로운 태도일 수도 있겠지만, 버들 님 말처럼 이것도 아니고 저것도 아닌 우유부단한 태도일 수도 있어요. 책임지기 싫어하는 무책임한 태도처럼 보이기도 하고요. 그리고 어떤 순간에는 그다지 좋은 태도가 아닐 때도 있어요. 설사 내 선택이 틀리다고 할지라도 내 생각을 분명히 말하는 게 더 나은 경우들이 있거든요. 저는 칼럼 쓸 때도 그런 게 필요하다고 생각해요. 주장하는 의견이 틀렸다고 해도, 어쨌든 그 틀린 의견이 사람들을 좀 더 생각하게 하고, 공론화를 이끌어 내잖아요. "이런 것 같기도 하고, 저런 것 같기도 해."라는 칼럼보단 "난 이렇게 생각해."라는 칼럼이 사실 더 매력적이기도 하고요. 그런 입장에서 보면 유보가 참 틀린 말은 아니면서도 굉장히 사람 답답하게 하는 면이 있는 것 같아요.

버들   옳고 그름, 싫고 좋음의 문제를 떠나서 일단은 말할 수 있잖아요. 과거에 A가 좋다고 했는데 변했다면,

그냥 빨리 인정하고 사과하면 되죠. 그리고 다른 근거를 들어서 B가 더 맞는 것 같다고 하면 되죠. 저는 그런 태도가 발전을 더 빨리 할 수 있다고 생각해요. 근데 A도 맞는 것 같고 B도 맞는 것 같다고 하면 결국엔 A도 안 하고 B도 안 하는 거죠. 결국 "그래서 좋은 게 뭐지?" 이렇게 그냥저냥 인생이 흘러가는 것 같아서 저는 조금 답답함이 있어요.

심에스더   제 생각엔 우리가 개인적이고 일상적인 관계에서 언제나 일관적이고 분명한 태도를 취할 수 없는 건 당연해요. 근데 문제는 책에서 김성우 님이 말씀하신 대로 공론장에서 발생하는 것 같아요. 예를 들어 젠더 갈등이라든가, 정치에서만큼은 이 대통령도 옳은 것 같고, 저 대통령도 옳은 것 같다고 말하는 사람은 거의 없잖아요. 사람들이 공론장에서의 의견은 굉장히 분명해요. 분명한 걸 넘어서 나랑 다른 의견을 내는 순간 상대의 두께는 사라져 버리고 "걔를 뽑았어?" 이러고 갑자기 손절을 한다든가, 공론장에서 이견이 생기는 순간 그 사람의 모든 것들을 보고 싶은 대로 편향해 버리니까 그런 부분에서 문제가 커지는 것 같아요. 이게 나아가 사회문제가 되면서 집단 간 소통이 안 되는 거죠. 내 주장에 부합하는 텍스트만 보고, 나랑 의견이 통하는 사람들과만 SNS 친구가 되고, 거기서만 관계 맺고, 그래서 그 생각만 키우다 보니 나와 다른 의견에 대해선 이해조차 하려 하지 않는 그런 모습들. 다른 정당을 뽑은 사람에 대해서는 상종도 안 한다든가요. "나랑 다른 후보를 뽑았지만 이런 부분에서는 나랑 비슷한 의견이 있지 않을까?"라고 생각하지 못하고 "어떻게 저 사람을 뽑았어?"로 치환되는. 책에선 그런 이야기를 하는 게 아닐까 하는 생각이 들었고요.

그러나 버들 님이 말씀하신 대로 저는 어떨 때 특히 분명한 게 중요하고 필요하다고 생각하냐면요. 메뉴를 정할 때. (웃음) 저 엄청 우유부단하거든요. 제 친구 5명이 있는데 MBTI J고 P고 없이 음식 메뉴를 정할 땐 모두가 "아무거나."라고 해요. 그때 제가 그 친구들의 속내를 드러내는 방법은 뭐냐면 하나하나 읊어보는 거예요. "1번. 돈가스."라고 하면 "그건 너무 기름져서 싫어." 이래요. 아무거나 괜찮다고 하지 않았나? "알았어. 2번. 부대찌개." 하면 "너무 더워." 이렇게 되거든요. 그럴 땐 MBTI 상관없이 사실은 메뉴가 별로일 때 책임지는 게 두려운 마음 때문인 거 같아요. 그 메뉴를 자기가 좋아서 정했을 때 감당해야 되는 것들이 싫기 때문에요. 그래서 누군가 명확한 의견을 냈을 때 비로소 수동적인 방법으로나마 자기 의견을 표현하는 그런 모습. 이럴 땐 좀 깔끔하게 자기표현을 하는 게 필요하지 않을까 해요. 그러니까 결국은 방법론의 차이인데, 상대방이 다른 의견을 낼 수 있는, 그리고 그게 공존해서 의견이 다르다는 이유만으로 인간쓰레기가 되거나 세상의 잉여로 판단 받지 않는 그런 대화의 장은 있어야 한다고 봐요.

신서희   저는 책에서 타인의 의견이 나와 다르다고 해서 쉽게 단정 지어선 안 된다고 말하는 것 같아요. 예를 들어서 저 사람이 '라떼는 말이야'를 말한다고 곧바로 꼰대라고 판단해 버려서는 안 된다는 거죠. 왜냐하면 자기 생각을 얘기하는 게 잘못된 게 아니고, 의견을 낸다고 해서 내 생각이 반드시 옳다고 얘기하는 게 아니니까요. 버들 님처럼 자기의 성향에 따라 확실하게 자기주장을 할 수 있지만, 중요한 건 "'라떼는 말이야'를 말하는 걸 보니 저 사람은 꼰대인 게 분명해."라고 그 사람을 섣불리 단정지어서 판단하지 말아야 한다는 걸 얘기하는 게 아닐까요? 판단을 유보하냐, 바로 얘기하냐가 좋고 나쁘고는 아닐 것 같아요. 자기 생각을 즉각적으로 얘기해야 속 시원한 사람이 있고, 얘기하는 게 굉장히 조심스러운 사람이 있죠. 이건 타고난 성향일 뿐 그거로 그 사람을 재단할 필요는 없다는 생각이 들어요. 문제는 내가 넘겨짚어서 내 사고체계 안에서 상대의 잘못된 점을 지적하고 싶은 태도가 아닐까요.

요조   근데 말씀하신 것도 참 어려워요. 말 한마디에 판단하지 않는 것도. 제주에 있을 때 어떤 분을 우연히 알게 됐어요. 빈티지 아이템을 수집하러 제주에 놀러 오셨던 것 같아요. 저도 빈티지를 좋아하고 말도 잘 통해서 하루 종일 그분과 재밌게 놀았거든요. 저녁에 그분하고 술을 먹다가 어쩌다 그랬는지 정치 얘기가 나왔어요. 그런데 그분이 특정 정치인을 지지한다고 하셨어요. 그 얘기가 나오는 순간 그 자리에 있던 네다섯 명이 전부 정적이 흘렀죠. 한 분이 적막을 깨고 정중하게 "왜 그분을 지지하시는 거예요?"라고 물었더니 이유를 이것저것 말하시더라고요. 하지만 그때부터 대화가 안 됐어요. 누군가를 뽑았다는 그 한마디로 우정이 하루짜리가 돼버리고만 거예요.

버들 덧붙이자면 저도 저랑 친한 분이 있는데 어느 날 그 정치인을 뽑았다고 한 거예요. 같이 일상적인 대화를 하다가 그분이 저에게 누굴 뽑았냐고 물어서 전 그냥 말 안 한다고 했어요. 왜냐하면 저는 저의 것은 확실하게 말할 수 있지만 정치 같은 공론장에서의 의견은 제가 조금만 무지하다고 생각하면 판단을 유보해요. 괜히 잘 모르고 한 내 말이 다른 사람 의견을 좌우할 수도 있으니까요. 그래서 저는 말을 안 했는데 그분은 자기가 뽑은 정치인을 말하는 거예요. 놀라서 순간 멈칫했죠. 왜 뽑았는지를 물어봤어요. 한참 이유를 듣다가 그 정치인에 대해 이슈화된 사건은 어떻게 생각하냐고 물어보니까 그건 사실관계가 잘못된 거라는 반박을 하더라고요. 그땐 서로 "그래. 그런가 보다." 하고 넘어갔어요. 근데 리터러시 측면에서 보자면, 사실 돈이 많은 부자이신 분들은 보수 정치인을 좋아하는 성향이 많잖아요. 그 대화 이후로 얼마 전에 그 친구랑 다시 얘기를 하는데 알고 보니까 친구가 엄청난 부자더라고요. 그걸 저한테 얼마 전에 얘기해 줬어요. 사실 자기가 돈 걱정 없는 졸부가 됐다고. 그 말을 듣는 순간 '그때 그 선택이 이 사람의 입장에서는 이득이었겠구나' 생각했어요. 몇 년이 지나서야 '그럴 수 있겠네' 한 거죠.

조한진 그런데 요조 님은 그분의 정치적 성향을 몰랐으면 계속 친구였을 수 있었을까요?

요조 그랬을 수도 있을 것 같아요. 제주에 올 때마다 연락 주시면 만났을 거 같은데요. 그때의 정치 이야기 이후로 완전히 관계가 와장창 돼서 한 10분 뒤에 그냥 헤어졌어요. 왜 지지하냐는 그 질문이 마지막 질문이었고, 그리고 나서는 몇 분 동안 별말 없이 있다가 일어났죠.

심에스더 이런 리터러시를 배우기에 참 좋은 장이 가족인 것 같아요. 부모님과 정치색이 다르다고 연을 끊는 경우는 드물잖아요. 다른 후보를 뽑은 건 알지만, 엄마 아빠가 이번 선거 땐 웃고 있었지만. 그렇다고 엄마를 안 보진 않죠. 정치 얘기가 나오면 민감해지긴 하지만 평소엔 어느 정도 정치색은 내려놓고 대하고. 그래도 엄마는 엄마로서 제가 다른 면을 보면서 가족으로서 대하는 거, 어쩌면 알게 모르게 굉장히 혹독한 리터러시 교육을 받고 있는 게 아닐까 하는 생각도 들어요.

요조   맞아요. 정말 혹독하게. 책에서도 김성우 작가님과 어머님의 상황이 그렇죠. 어머니가 독실하고 보수적인 기독교 생활을 오래 하셔서 사용하시는 단어들도 굉장히 기복적이고, 지식인인 김성우 작가님의 입장에서는 그게 안 맞았겠죠. 그래서 말이 안 통한다고 생각을 하셨음에도, 5년 동안 그 대화를 기록한 거잖아요. 그 사이에 김성우 작가님도 나이가 들면서 대화 속에서 묻어 나오는 어머니의 지혜를 보는 눈이 생기고 더욱 어머니를 이해하게 되고요. 그리고 책이 나오고 나서 어머니도 원래 읽기 능력이 대단하신 분이 아닌 걸로 알고 있는데, 자신의 이야기다 보니 굉장히 빠르게 완독하시고 다 읽었다는 연락을 주셨지요. 에스더 님 말씀대로 리터러시 트레이닝에 가장 좋은 게 가족과의 소통이 아닌가 하는 생각이 드네요. 여기 계신 분들은 다 부모님과의 소통이 잘 되는 편이신가요?

한오석   글쎄요. 저희 어머니, 아버지와는 소통이 잘 되는 것 같고, 제가 강아지를 키우거든요. 강아지를 군대에 다녀와서 입양했는데 그 때 할아버지랑 같이 살 때였어요. 제가 강아지를 너무 입양하고 싶어서 부모님한테 말씀드리고 할아버지한테도 허락을 받았어요. 그땐 알겠다고 그러셨는데 데리고 온지 한 3일만에 싫다고 하시는 거에요. 할아버지께서요. 제가 어떻게 할 수가 없어서, 원래 부천에 살았었는데 저만 시흥으로 나왔어요. 그래서 이제 부모님이랑 할아버지가 함께 사시고 저는 강아지를 데리고 혼자 살게 됐죠. 할아버지와는 소통이 되는 것 같으면서도 안 되는 상황인 것 같아요.

버들   어떤 순간에는 동물과 소통이 더 잘 된다고 생각해요. 뭐 개만도 못하다는 말 있잖아요. 전 그 말에 강아지한테 모욕 주지 말라고 해요.

요조   저는 가장 인상 깊었던 부분이 사실 너무 많았는데, 그중에서도 '변신'을 말하는 부분이 좋았어요. 280쪽에요. 리터러시란 우리가 다양한 존재를 만날 때마다 그에 맞게 변신하는 역량이라는 거. 그리고 이를 통해 서로 적절하게 관계를 맺으며 인간에게 주어진 운명을 헤쳐나가는 역량이 리터러시라는 설명에 밑줄을 그어놨어요. 이 부분을 읽으면서 떠올렸던 책이 하나 있어요. 히라시노 게이고라는 일본의 유명 스릴러 작가가 쓴 에세이인데 시간이 되시면 한번 꼭 읽어보셨으면 좋겠어요. 《나란 무엇인가》라는 책이에요. 되게 짧은 책이고 어렵지도 않아요. 보통 그런 존재론적 질문을 생각하면 '나란 누구인가'라고 질문을 할 것 같은데 이 제목은 '나란 무엇인가'라는 질문을 던져요. '진정한 나'라는 것이 있는지 묻는 책이에요. 저는 제가 한결같지 않은 것에 대해 고민을 많이 했거든요. 나는 밖에서는 되게 예의 바르고 젠틀한 것 같은데, 집에서는 왜 이렇게 못됐지? 왜 나는 친구와 애인을 대하는 게 다르지? 나는 왜 이 사람 앞에서는 되게 말이 많아지는데, 이 사람 앞에서는 왜 말이 없어지지? 이런 저의 한결같지 않은 모습에 당황을 많이 했고, 스스로 성격에 문제가 있지 않은지 생각도 많이 했어요. 그럼 이 중에 진짜 나는 어떤 나인가, 그게 저를 끈질기게 괴롭히는 고민이었는데, 《나란 무엇인가》를 읽으면서 그 고민이 완전하게 해결이 됐어요. 이 책에 따르면 '진짜 나'라는 건 없다는 거예요. 그 모든 상황에서의 한결같지 않았던 다양한 내가 다 '나'라는 거죠. '나'라고 하는 존재는 타인이 있어야 비로소 '어떤 사람'으로 만들어지지요. 그러니 상대가 어떤 사람이냐에 따라서 나는 달라질 수밖에 없어요. 어떤 자리에서는 되게 젠틀하다가도 초등학교 동창, 고향 친구들을 만나면 갑자기 막욕이나 사투리가 튀어나오고 드세지기도 하고요. 그게 다 어떤 상대방과 관계하는 복수형의 다양한 '나'들이라는 것이죠. 그러니 '진정한 나'를 찾으려고 하지 마라. 그런 건 없다. 모든 게 다 당신이다, 고상한 당신도 당신이고 잔인한 당신도 당신이고, 다 당신이다. 책은 이런 메시지를 기본적으로 가지고 있어요. 그래서 저는 그걸 읽으면서 굉장히 위안을 많이 받았어요. 리터러시를 변신의 역량이라고 하는 이 부분이 내가 리터러시의 관점에서 봤을 때 잘하고 있는 걸지도 모른다는, 희망적인 메시지로 읽혀서 좋았습니다.

버들 저도 지금 깨달음을 얻은 것 같아요. 저도 평소에 말은 세게 하지만 글은 굉장히 예쁘게 쓰려고 노력하거든요. 친구들이 제가 쓴 글을 보면 "네가 쓴 거야? 너 아닌데." 이렇게 말할 정도로요. 글이라도 다정하게 쓰면 사람들이 제 진심을 알아주는 것 같더라고요. 그래서 항상 친구들한테 편지도 많이 써줬고요. 무슨 말을 하고 싶을 때 저는 말로는 쑥스러워서 잘 못하겠으니까, 뭘 써서 주는 거죠. 안 그래도 얼마 전에 회사에서 마니또를 했는데, 제가 하필 부사장님의 마니또가 된 거예요. 평소엔 막 맨날 막 멍청이라고 욕하고 다녀요. 그래도 마니또는 나중에 누군지 밝혀지고 제대로 안 해줘서 욕먹는 건 싫었어요. 그래서 글씨체도 안 들키려고 워드로 열심히 뽑고, 각인 샤프 같은 것도 주문해서 선물하면서 '나 거의 지킬 앤 하이드인데 이 정도면'이라 생각했죠. 그땐 '내가 정신이 나갔나, 왜 앞에선 욕해놓고 뒤에서 이러고 있지' 이런 생각을 했는데, 방금 요조 님이 말씀해 주신 거 들으니까 그것도 그냥 내 모습이라는 생각이 드네요.

조한진 회사에서 하는 마니또라면, 그건 그냥 일이죠. 열심히 해야 하는 일.

심에스더   역시 회사생활 만렙. (웃음)

버들   근데 그게 진심을 뛰어넘어서 스스로 봐도 소름이 돋는 거예요. (웃음)

심에스더   왜 그런 경우 있지 않아요? 예전에 그런 친구들 진짜 많았는데. 있는 모습 그대로 사랑받아야 된다는 강박이 너무 크면 정말 누굴 만날 때 꾸미지도 않고, 씻지도 않고. 그러니까 그게 진짜 '나'라고 생각하는 거죠. 이게 진정한 나야. 있는 그대로의 나를 사랑해 줘. 잔뜩 꾸며서 사랑받으면 그건 진짜 내가 사랑받는 게 아니야. 그래서 더 일부러 추레하게 하고. "이래도 내가 좋아? 그럼 넌 날 사랑하는 거야." 그런 식으로 상대를 테스트하고요. 약간 강박에 갇히는 거죠. 그게 요조 님이 방금 말한 대로, 어떻게 보면 '진짜 나'에 집착하는 거죠.
　근데 사실은 우리가 살면서 상황에 맞게 행동해야 한다는 걸 되게 많이 배우잖아요. 전 성교육할 때도 그런 얘기를 하는데요. 우리가 알몸이라고 하면 일단 사람들은 다 부끄러워하죠. 그런데 내가 샤워를 하러 가는데 알몸이 부끄럽다고 옷을 다 갖춰 입고 가면 그때의 내 에티튜드는 때와 장소, 상황에 안 맞는 거잖아요. 근데 내가 가볍게 가려고 학교 갈 때 옷을 다 벗고 막 덜렁덜렁 가면 그때 내 알몸 역시 때와 장소에 맞지 않는 거죠. 내가 만약 생식기 쪽이 아파서 병원에 가서 팬티를 벗고 내 몸을 보여줘야 돼. 그때의 그 상황은 부끄러운 상황이 아니라 그 때와 장소에 맞는 상황이고요. 그런데 내가 가렵다고 친구들 많은 데서 막 바지에 손 넣고 긁으면 사실 그건 되게 부끄러운 행동이잖아요. 결국은 때와 장소, 상황이 정말 중요한 거고, 우리는 그에 맞는 에티튜드를 배워나가야 해요. 이 상황에서의 알몸은 부끄러울 수 있지만, 이 상황에서의 알몸은 자연스럽고 당연한 거라는 걸.

성 이야기를 할 때도 그렇지만 평소에도 그런 것 같아요. 내가 타인을 만날 때 하나의 매너로서 나를 가꾸기도 하죠. 저 진짜 연애할 때 상대한테 화낸 적도 있어요. 데이트를 하는데 하나도 안 꾸미고 나오는 거예요. 너무한 거 아니야? 왜냐면 저는 보기 싫어서라기보다 나를 배려하지 않았다는 생각이 들었어요. 어떻게 날 만나는데 면도를 안 하지? 쟤는 집에 아무렇게나 있다가 그냥 나를 만나러 나오는데 나는 열심히 꾸미고 나왔네. 너무 무성의한 거 아니야? 이런 생각이 들더라고요. 얘기가 좀 다른 데로 샜는데, 어떤 상황과 때에 맞게 나를 바꿀 수 있다는 거. 여기서는 말을 배려 있게 하고, 여기서는 욕설을 섞어서 친밀함을 표현하고, 이런 게 다 진짜 나라는 게 맞다는 생각이 너무 들어요. 누구를 만날 때 꾸미는 게 나를 배신하는 게 아니다. 그런 것도 저를 통합하게 된 방법 중에 하나였던 것 같아요.

요조   감사합니다. 오늘 제가 예상했던 것보다 훨씬 더 재밌고 알찬 시간이었습니다. 그리고 제가 이 자리를 꾸릴 때 웬만하면 겹치지 않는 삶의 반경을 가진 분들을 모시려고 노력했거든요. 다른 일을 하는 사람들이 모여 있을 때 어떤 이야기가 나올까 궁금했어요. 근데 예상대로 너무 재미있고 신선한 이야기들이 많이 나와서, 이야기들이 아무 의미 없어지면 어떡하나 고민한 초반의 걱정이 무색해지는 느낌을 받았습니다.

저는 오늘의 자리가 우리 각자의 고유한 이야기로 우리 주변을 활성화하는 그런 자리가 아닌가 하는 생각이 들어요. 책의 끝부분 즈음에 리터러시의 부재는 기쁨의 부재라는 표현이 나오던데, 그런 이유로 오늘 우리가 나눈 시간이 어느 때보다도 기쁘지 않았나 싶은데, 여러분은 어떠셨을지 모르겠어요. 오늘과 같은 이런 기쁜 시간을 앞으로도 계속해서 책을 열심히 읽어가면서 이야기를 나누면 너무 좋겠다는 생각이 들었습니다.

2장

페미니즘:
성 노동자에 관한 서로 다른 견해들

성을 사고 팔 수 있을까? 이 장에서는 '성' 그 자체에 관해 좀 더 넓은 의미에서 대화를 나눠보고, 우리가 가진 '성'과 관련된 편견에 관해 대화를 시작한다. 아울러 페미니즘은 무엇을 어디까지 생각해야 하는지 고민하면서, 자유로운 대화 속에서 '성'에 관한 이해의 지평을 넓혀보고자 한다.

《페미니즘, 한계에서 시작하다》
우에노 지즈코, 스즈키 스즈미 지음, 조승미 옮김, 문학수첩

대화에 자주 등장하는 말

우에노 지즈코

일본의 사회학자이자 여성학자이다. 마르크스주의 여성주의 이론가이기도 하다. 전공은 사회학, 젠더이론, 성학이다. 교토대 사회학 박사 과정을 수료한 후 도쿄대 사회학과에서 학생들을 가르쳤으며, 2011년 동 대학 명예교수로 이름을 올렸다. 1994년 《근대가족의 성립과 종언》으로 산토리학예상을 수상했으며, 《가부장제와 자본주의》, 《위안부를 둘러싼 기억의 정치학》 등으로 굵직한 여성주의 이슈를 사회적 의제로 만드는 데 큰 역할을 담당했다. 국내에는 《여성 혐오를 혐오한다》는 도서의 저자로 잘 알려져 있다.

스즈키 스즈미

작가. 1983년 도쿄 출생. 대학생 때 유흥업소 직원, AV 배우 등으로 일한 후, 2009년부터 2014년까지 일본경제신문사에서 기자로 근무했다. 저서로 《AV 여배우의 사회학》, 《몸을 팔면 끝이야》, 《사랑과 자궁에 꽃다발을》, 《일본의 아저씨》, 《기프티드》, 《창부의 책장》, 《8cm 힐의 뉴스쇼》, 《그레이스리스》 등이 있다.

포괄적 성교육

성 노동자는 금전의 수수를 수반하는 성 행동을 직업으로 하는 사람이다. 성교의 유무 행위, 본인 또는 대상의 성별 등에 관계 없는 포괄적인 호칭이다. 매춘부와 남창의 대안 용어로서 제시되는 단어로, 성근로자라고도 한다. '성긍정 페미니스트'들이 창시했으며, 1970년대에 미국을 중심으로 일어난 여성주의 성 전쟁 당시 안티포르노 페미니즘과 대립하는 과정에서 고착되었다. '성매매', '매춘'은 부정적인 편견이 있는 단어라고 당시 성긍정 페미니스트들은 비판했다.

페미니즘

오래전부터 이어져 왔던 남성 중심의 이데올로기에 대항하며, 사회 각 분야에서 여성 권리와 주체성을 확장하고 강화해야 한다는 이론 및 운동을 가리킨다. 19세기에 들어서면서 전개되기 시작했으며, 시대와 양상에 따라 크게 1세대, 2세대, 3세대 물결로 나뉜다. 19세기부터 1950년대까지 진행된 1차 물결은 프랑스 혁명의 영향을 받은 메리 울스턴크래프트가 1792년에 발행한 《여성의 권리 옹호》에서 시작되었고, 2차 물결은 1960년대부터 1980년대까지 시몬 드 보부아르의 《제2의 성》에 의해 급진적 성격의 래디컬 페미니즘으로 발전했다. 3차 물결은 1, 2차 물결의 성과와 토대 위에서 인종, 국적, 계층, 종교, 성적 지향성, 문화적 다양성에 관심을 가졌으며, 주디스 버틀러의 《젠더 트러블》이 큰 영향을 줬다.

백래시

사회·정치적 변화에 대해 나타나는 반발 심리 및 행동을 이르는 말로, 주로 진보적인 사회 변화에 따라 기득권층의 영향력이 약해질 때 그에 대한 반발로 나타난다.

처음 포르노를 본 날

<u>심에스더</u> 책에 성 이야기가 많더라고요. 그래서 아주 재밌게 읽었어요. AV 찾아봤잖아요. 왜냐면 이해하려면 봐야 하니까. (웃음) 사실 항상 말하지만 봐야 되는 거 아니에요? 솔직히 가르치기 위해서만 보는 게 아니라, 저도 어렸을 때 성 영재로서 왜곡된 성인물을 접했던 기억이 있기 때문에 완전히 자유롭지 못하죠. 그래서 가끔 흥미롭게 보는데, 일본 것들은 진짜 옛날과 변함이 없어. 지금이나 예전이나 일단 일탈과 금기의 코드가 많잖아요. 대체로 제목도 막 '시아버지와 며느리' 이런 게 많거든요. 또 이 세계가 엄청 다양해가지고, 제가 건드릴 수 없는, 그러니까 제 취향에 안 맞는 것들은 저도 힘들어서 잘 보지 못해요. 너무 폭력적인 거요. 그 수위가 너무 높은 것들이 간혹 있어요. 화상을 입힌다든가. 그런 건 저도 좀 힘들죠. 이렇게 생각하면 돼요. 우리가 어렸을 때 그런 경험 있지 않으세요? 지렁이한테 소금 뿌리고 꿈틀하면 재밌어하잖아요. 그것도 일종의 지렁이 포르노 같은 거죠. 어린 시절엔 몰랐지만. 약한 것을 괴롭히면서 그 동물적인 반응에 성적인 걸 느끼는 사람들이 그런 걸 하거든요. 그런 건 저도 힘들죠.

<u>신서희</u> 되게 기초적인 질문인데 그런 건 어디서 보는 거예요?

심에스더　핸드폰으로도 보고, 친구들끼리 다운받은 거 알려주기도 하고요. 근데 핸드폰은 버그에 많이 걸리잖아요. 그래서 '공폰'을 굉장히 많이 이용해요. 학생들이 실제로 그런 경우 많아요. "우리 아이는 그런 거 모른다." 이런 양육자들도 계신데. 뭐, 그런가요? 믿어드리죠. 근데 몇 달 뒤에 아이 방에서 공폰을 발견하고 그러죠. 우리가 스마트폰을 자주 바꾸기 때문에 집에 안 쓰는 핸드폰이 몇 개씩 있잖아요. 요즘 일반 폰은 부모님들이 다 관리가 가능해요. 불법 성인물을 제한할 수 있어요. 그래서 앱도 다 일일이 시간 되면 제한하고 조정해서 믿고 계시는데, 집에 굴러다니는 공폰은 사실 생각 못 하신 거죠. 그걸로 와이파이 연결해서 불법적인 거 다 다운받고 게임도 실컷 하는 경우가 되게 많아요. 뛰는 양육자 위에 나는 아이들인 거죠. 지금 구글에 들어가셔서 그냥 야동을 치시면 다 나와요. 우리는 버그 때문에 보지 않는 것뿐이지. 근데 버그에 걸리지 않는 앱이 있어요. 그래서 이걸 깔고 있으면 어느 정도 성 착취물이라고 하는 야동 사이트를 이용할 수 있어요.

조한진　애들은 더 잘 찾을 수 있을 것 같아요.

심에스더　문제는 애들이 찾으려고 찾는 게 문제가 아니에요. 그냥 너무 쉽게 접할 수 있게 다 널려 있어요. 광고만 해도요. 저랑 같이 살아주시는 큰 따님이 초등학생

때 어쩌다 핸드폰 앨범을 봤는데, 성 영재였던 제가 봐도 놀랐어요. 요새 포르노 웹툰이 정말 많거든요. 압도적이에요. 공식 루트로 보는 웹툰도 있지만 불법 웹툰이 너무 많아요. 인간의 몸과 성기를 적나라하게 보여주고, 그 부분을 확대한 것처럼 그리고요. 우리가 흔히 포르노에서 보는 왜곡되고 폭력적인 방식들이 그대로 묘사가 되는 그런 만화가 있더라고요. 5학년인데 그런 걸 보고 있었던 거예요. 저도 그렇게 어린 시절을 지냈고, 커서 성교육 강사가 됐지만, 아이들도 다 볼 수 있다고 말하지만요. 제가 딱 그걸 막상 보니까 제 강의록을 찾아봤다니까요. '내가 뭐라고 했지? 맞아' 이렇게요. 제가 나중에 딸을 불러서 잠깐 얘기 좀 하자고 했더니, 일단 자기 핸드폰을 봐서 기분이 상하잖아요. "지금 나한테 강의하려고 그러는 거야?" 이러는 거예요. "아마 그렇게 느낄 수도 있는데, 필요하다면 들을 수도 있겠지."라며 얘길 시작했어요. 강의하면서 항상 말하는 게 성적 호기심을 가지는 건 인간으로서 당연한 거예요. 그리고 성적인 콘텐츠를 만든 게 사실 애들이 아니잖아요. 물론 요새는 불법 촬영물 제작 나이가 낮아지지만. 어찌 됐든 그 호기심에 대해서는 긍정적으로 인정해 주되 이것이 갖는 문제점은 비판적으로 봐야죠.

전 야한 것 자체를 비난하는 건 아니에요. 우리가 애들이 뭐 하면 "너 야한 거 봤지." 이런다든가, "너네 야한 얘기 했지." 이렇게 다그쳐서, 대체로 성과 관련된 부정적인 문제들을 야한 걸로 퉁 친단 말이에요. 근데 저는 애들한테 성교육을 할 때 그러지 말라고 하는 편이에요. 왜냐면 성이 가진 매력 중에 하나가 야한 거잖아요. 야해서 즐겁고, 야해서 매력적인데, 야한 걸 자꾸 부정적으로 표현하면 야한 걸 할 수 있는 나이가 돼서 혹은 공식적으로 관계를 할 때, 야한 행동 자체에 죄책감이 생기니까요. 야하다는 말이 아니라 정확하게 표현해야 해요. 이건 너무 폭력적이라서 그렇다. 너무 성차별적이다, 비인격적이다. 여기 나오는 섹스는 굉장히 일탈적이거나 아주 작은 부분 중의 하나다. 이렇게 정확하게 짚어주는 게 중요하다고 말씀드리고, 학생들한테도 그렇게 얘기해요. 딸에게도 얘기를 했죠. 어쨌든 성인 콘텐츠는 법적으로 막아놓은 것이기 때문에 안 보는 게 맞고, 안 보길 바란다. 그래도 호기심이 생길 때는 비판적으로 봐라. 현실과 다르다. 거기서 보여주는 섹스는 네가 앞으로 경험하게 되거나 알게 될 여러 가지 섹스 중에 아주 극히 일부다. 그리고 굉장히 남성 중심의 판타지다. 이런 것들을 얘기했죠. 그러다 나중에 약속을 했어요. 네가 진짜 보고 싶다면, 고등학생이 됐을 때 너무 재밌고 여성의 판타지를 잘 그려낸 웹툰을 소개해 주겠다고요. 제가 또 많이 알고 있으니까 약속을 했죠. 고등학교 때 정도면 괜찮다고 생각해서요. 그래서 알았다고는 했는데, 사실 지금은 모르겠어요. 보는지 안 보는지는. 다만 얘기해 줄 뿐이죠. 현실과 다르니 비판적으로 생각하라고.

요조 　다들 그런 성인 콘텐츠를 언제 처음 보셨어요? 저는 중학생 아니면 고등학생때였고. 저의 경우는 〈연인〉이라는 영화에서 남녀의 정사신을 처음 봤어요. 에로티시즘을 그 영화로 입문한 거예요. 그래서 지금도 그게 저한테는 각인이 되어 있다고 해야 하나. 유명한 신이 있잖아요. 차 안에서 두 사람의 손가락이 조금씩 얽히는⋯. 저렇게 남녀가 손끝이 잠깐 닿는 것만으로도 흥분이 될 수가 있구나. 그때 친구하고 같이 〈연인〉을 집에서 봤는데 내 몸의 변화를 느낀 거죠. 내가 지금 흥분되고 있다는 걸요. 그 기분이 잊히지 않아요.

심에스더 　〈연인〉은 제가 굉장히 상위권에 두는 좋은 에로티시즘 영화 중의 하나예요. 그것도 남성 판타지이긴 하고 비판받는 부분도 있지만요. 그럼에도 비주얼적으로 너무 괜찮은 선남선녀가 그런 정사신을 보여준 영화로서는 높게 사요. 가끔 물어보시거든요. 좀 괜찮은 야한 영화 뭐 없냐고. 그러면 저는 〈연인〉을 정말 많이 추천해 드려요.

요조 　그 영화를 보면 남성 중심적으로 여자를 소비하는 시선이 아니라, 여자 주인공이 관찰하는 남자의 섹슈얼한 지점이 나와요. 되게 탐욕적으로 바라보는 거죠.

심에스더 수많은 포르노, 특히 일본 포르노는 중심 메시지에 추남이 미녀를 겁탈하는 코드가 메인 서사인 경우가 많아요. 제가 그걸 보는 게 뭐가 좋겠어요. 추남이 미녀를 겁탈하는 게 재밌을 이유가 없잖아. 근데 그 영화에서의 양가위는 정말 많은 만족을 준다. 약간 비슷한 면이 있는 것 같아요. 책에서 스즈미 님도 작가인데 〈연인〉의 주인공도 작가거든요. 나이가 들어서 회상하는 글을 쓰는 게 나레이션으로 나오는 내용이고요. 마지막에 나이 든 작가가 글 쓰면서 회상하는 내용이라 어떤 면에서 조금 겹치는 부분이 있는데요. 진짜 재밌어요.

요조 책에 대해 제가 가이드를 드릴지 고민을 조금 했는데, 그냥 안 하는 게 더 재밌겠다는 생각이 들어서 아예 코멘트를 하지 않았어요. 에스더 님의 이야기도 너무 궁금했고요. 또 페미니즘에 대한 이야기를 남성들과 나눌 기회가 흔치 않기 때문에 오늘 계신 남성 두 분의 이야기도 경청해 보고 싶어요. 또 전체 주제를 일단 페미니즘으로 묶어놓긴 했지만, 그 외에도 책에서 다루는 주제들이 굉장히 방대한 편이잖아요. 페미니즘 외에도 얼마든지 꽂히는 부분이 있을 것 같아요. 그런 얘기도 얼마든지 나누면 좋을 것 같습니다. 저는 이 책 읽으면서 너무 재미있었고 또 혼란스럽기도 했어요. 배운 점도 되게 많았던 책이었고요. 그리고 아무래도 대담집, 편지를 주고받는 형식의 이야기이다 보니까 읽는 사람의 위치

성을 확인하게 된달까요. 나는 어떤 사람의 입장에 더 가까운 사람인가에 대해서 생각하게 되더라고요. 책을 읽는 내내 이 사람한테 공감했다가 저 사람한테 공감했다가. 또 스스로에 대해서도 생각하는 시간이 제법 길었어요. 분주한 독서였습니다.

그중에서도 제가 처음부터 읽으면서 굉장히 놀랐던 것은 스즈미 님이 '피해자'라는 말을 하고 싶어 하지 않는 부분이었어요. 그게 저랑 진짜 비슷한 거예요. 나중에 지즈코 님이 그게 '약함 혐오'고 엘리트 여성이 쉽게 빠지는 함정이라고 말하셨죠. 저는 엘리트 여성은 아니지만, 어쨌든 저 스스로 약함 혐오가 있는 건 아닌지 읽으면서 생각을 많이 했어요. 제가 사람이 사람에게 해서는 안 되는 말 중에 거의 최고로 꼽는 게 '불쌍하다'라는 말이에요. 제가 누구한테 불쌍하다고 말을 할 때, 그때는 대부분 욕으로써 그 말을 해요. 너 진짜 불쌍하다. 저에겐 욕인 거죠. 그리고 상대방이 저를 불쌍해하거나 연민을 느끼면 그것도 견디기가 힘들어요. 어느 정도냐면 장강명 작가님이랑 팟캐스트를 할 때, 작가님이 신작을 내면 책을 선물로 주셨거든요. 그러면 책에다 사인을 꼭 "행복하세요."라고 적어요. 난 이것도 가끔 열받을 때가 있어요! (웃음)

<u>심에스더</u> 내가 불행해 보여? (웃음)

요조   맞아요! 저는 그 정도로 "행복하세요.", "힘내세요." 이런 메시지들에 많이 꼬여 있어요. 나는 이미 행복한데 왜 나한테 행복하라고 그러지. 나는 지금 힘내고 있는데 왜 나한테 힘내라고 그러지. 내가 지금 불쌍해 보이나? 이런 생각을 하게 되는 거예요. 이 책을 읽으면서도 또 한 번 불쌍해 보이고 약해 보이는 것을 제가 극도로 경계하고 싫어하는 것이 어쩌면 내 마음 한편에 있는 혐오 때문일 수도 있다는 걸 알았어요. 나는 이걸 왜 이렇게 싫어하는 걸까 고민했고요.

그리고 에로스 자본. 한국에서는 매력 자본이라고 얘기하는 것에 대해서도 그게 자본이 아니라고 이야기해 주시는 부분이 인상적이었어요. '나는 왜 이렇게 생각을 못 했을까' 했던 부분이기도 했고요. 그 외에도 너무 많지만 뒷부분에 페미니즘이 무엇이냐에 대해서 우에노 지즈코 님이 정리해 주신 부분은 너무 멋있어서 눈물이 핑 돌더라고요. 그 부분도 정말 감사했어요. 그 외에도 아주 사사로운 거. 이를테면 주변에서 아무도 채근하지 않는데 괜히 내가 초조해서 결혼을 해야 되지 않을까 생각하고 있다는 편지를 보면서, '나도 그 생각을 하고 있는데' 하는 아주 사소한 부분도 공감이 됐어요. 확실히 두 여성의 이야기이다 보니까 공감되는 지점들이 너무 많았던 책이었어요. 에스더 님은 어떠셨어요?

심에스더   저도 너무 재밌게 봤어요. 일단 편지 형식으로 얘기를 진행하다 보니까, 딱딱한 설명에도 이분들의 개인적인 이야기와 감정들이 섞여서 제가 거기에 감정적인 영향을 많이 받더라고요. 말씀하신 것처럼 어떤 부분에서는 우에노 지즈코 님한테 가슴이 뜨거워질 정도로 감동받기도 했다가, 또 다음 편지에서는 "왜 이렇게 꼰대야?" 이러기도 하고요. 스즈미 님이 어떤 얘기를 할 때는 속이 답답하기도 했다가, 논리나 이론으로 설명될 수 없는 그의 삶과 감정이 제 마음에 너무 와닿기도 했고요. 그래서 그런 부분을 이 선생님이 좀 감싸주면 좋겠는데, 다음에 공감의 여지없이 논리적인 답장을 읽으면 "그래, 잘났다." 그러기도 했어요.

저는 연애에 대한 이야기가 나오는 부분에서 눈물이 핑 돌았어요. 어떻게 보면 스즈미 님이 저와 더 가까운 나이대거든요. 그래서 사회적인 이슈 같은 부분에 대해서도 공감 가는 점이 많고요. 선택지가 많아질수록 그 안에서 핑계 대지 못한 채로 또 다른 덫에 빠지는 여성의 입장에 대한 설명이 있어요. 사장이 될 수도 있고, 사장 아내가 될 수도 있는 그 상황. 양쪽의 편리함도 원하지만 동시에 둘 다 불완전하다는 느낌이 들었어요. 어쨌든 연애에 대해서 얘기하는 장면이 제가 되게 고민하는 지점이었거든요. 최근에도 이 책을 읽기 전에 아는 동생이랑 그런 얘기를 했어요. 다 그런 건 아니겠지만 왜 많은 여성들은 얼마나 배웠건, 잘 나가건, 예쁘건, 남성에 의해서 좌지우지될까. 연락 안 하면 열받고, 카톡 할 때 나한테 집중 안 하는 것에 실망하고, 사소한 행동의 변화에 나에 대한 애정을 저울질하고, 그런 거에 불안해하는 모습들을 직면하면서 왜 이런 걸로 이렇게 불안해야 하는 건지 고민했어요. 상대의 애정이 식었나 안 식었나를 생각하고, 그 다음으로 불안함을 느끼게 되는 우리. 진짜 심리적으로 결핍이 있나? 아니면 프로이트가 말한 것처럼 남근이 없어서? 그런 것 때문에 진짜 히스테리가 생겨서 이런가? 그런데 '연애가 자아에 대한 투쟁'이라는 구절을 읽고 놀랐어요. 누구를 좋아하고 상대의 애정을 요구하는 모습에서 또 다른 나를 발견한다는 거요. 애정을 갈구하는 자체로 '나는 왜 이래. 나는 왜 이렇게 애가 못났지?' 이럴 것이 아니라, 연애가 그런 나를 직면하고 스스로와 투쟁하면서 자아를 발견해 가는 과정이라는 그 말이요. 너무 공감이 가면서도 깜짝 놀란 거예요. 한 번도 그렇게 생각해본 적 없어요. 항상 결핍이 있나 고민하거나, 사회적 여성성을 학습해서 그런가 했죠. 그럼 나는 평생 아무리 내가 잘 나가고 자존감이 높아도, 남성의 인정과 승인이 없으면 사랑받는 데서 오는 안정을 누리지 못하나? 나는 왜 이렇지. 뭐가 부족해서 평생 이렇게 살아야 되나. 이런 비관적인 생각만 했죠. 그래서 연애가 나에 대한 투쟁이고, 사랑을 갈구하는 자신의 모습에 의문을 품는 것 자체가 자신을 직면하는 고통스러운 과정이라는 말이 새롭게 다가왔어요. 그 과정을 통해서 나를 바라볼 수 있다는 것. 그리고 상대에게 사랑과 관심을 요구하는 나를 여기서 그렇게 설명하잖아요. 사실 또 다른 나의 자아에게 요구하는 것이나 마찬가지라고. 그런 발견의 기회가 연애이기도 하다고 생각하니, 내가 하는 사랑에 더 의미 부여가 됐어요. 저의 감정을 조금 더 있는 그대로 지켜보면서, 괴로움과 행복 모두 고스란히 느끼면서, 나에 대한 투쟁을 멈추지 말아야겠다고 생각했죠. 굉장히 고무됐어요.

<u>요조</u>　　맞아, 멋있는 이야기였어요. 연애도 은근슬쩍 비교하게 되는 일 같아요. 아니, 남들은 되게 연애 잘하는 것 같은데, 나는 왜 이렇게 삐거덕거리지. 내가 진짜 성격이 너무 안 좋은가? 내가 연애 상대로서 무던한 성격이 아니라 내 연애는 항상 피 마르고 상대방을 힘들게 하는 건가 봐. 저 정말 자주 이렇게 생각했었는데, 우에노 지즈코 님의 편지를 보면서 나는 그저 연애를 투쟁적으로 잘하고 있었구나, 하는 생각이 들었어요. (웃음) 사람들이 연애를 하고 싶어 하면서도 너무 힘드니까 안 하려고 하는 마음이 있잖아요. 그게 다 설명이 되더라고요. 어쨌든 자기를 고통스럽게 대면하는 과정이니까. 하고 싶으면서도 하기 싫은 양가적인 마음이 드는 거죠. 또 연애에 되게 웃긴 점이 뭐냐면, 이게 이성적으로 해석이 안 돼요. 주변에서 다 헤어지라고 하고, 상대가 문제가 있다는 걸 본인도 너무 잘 알면서도 헤어지지 못하는 이상한 악순환. 그런 것도 이 편지로 설명을 해보자

면 좀 이해가 되는 느낌이 들어요. 그 부분에 대해서는 어떻게 생각하셨어요? 성 노동의 당위에 대해서요. 저는 이게 안 풀리는 숙제 중에 하나거든요. 이걸 노동이라고 봐야 되는가. 아니면 윤리적으로 문제 있는 것인가.

심에스더　저도 너무 궁금해요. 책 읽으면서 남자분은 어떻게 생각할까 되게 궁금했어요. 이렇게 남녀로 나누는 것도 죄송하지만요.

조한진　저희한테도 많이 어려운 부분인 것 같아요. 일단은 불법이죠. 우리나라는 불법인데 어느 나라에서는 합법이라고 하고. 자발적으로 원해서 하는 것에 대해서까지 윤리를 들이댈 수 있는지 단순하게 생각을 했었는데, 읽으면서 구조에 대한 이야기가 나오더라고요. 내가 자발적으로 했다고 모든 게 다 거기서 끝나는 것은 아니고, 그럴 수밖에 없었던 구조도 있다고. 그 '구조'라는 것에 대해서는 생각을 많이 안 해봤었는데 책을 읽으면서 고민하게 됐어요. 근데 옳다 그르다 얘기하기는 남자 입장에서 되게 어려운 것 같아요. 그리고 빗나간 이야기일 수도 있는데, 요즘에 보면 여성들을 상대로 하는 업소들도 많아졌어요. 동네에 여성 전용 바도 어렵지 않게 볼 수 있고, 미디어 콘텐츠 속 여성분들도 그런 남자 스태프가 있는 업소들에 가는 모습들이 나오잖아요. 그런 걸 보니 성 산업이 기존까지는 남자들만의 전유물이었는데, 사실 남자들만의 문제는 아니지 않았을까 생각이 들었어요. 살 수 있는 능력이 되면 여자들도 할 수 있구나. 그전에는 남자들이 대부분 경제 활동을 하니 성 산업의 주된 구매자였다면, 이제는 여자들도 할 수 있게 된 거죠. 그러다 보니 수요가 생기고, 여성 전용 업소들이 점점 생기는 게 아닌가. 그렇다면 남녀를 떠나서 그냥 유흥의 하나로 볼 수 있지 않을까 하는 생각도 들어요. 당연히 여성들을 상대로 하는 업소가 적겠죠. 수는 적겠지만 그렇다고 없는 건 아니니까요. 남녀를 떠나서 거기서 일한다는 것 자체를 뭐라고 평가하는 건 참 어려운 부분인 것 같아요.

다만 읽으면서 많이 공감됐던 건 성 산업에 종사하면서 영혼이 파괴된다는 부분이었어요. 뭔지 알 것 같아요. 거기에서 일을 하게 되면 쉽게 돈을 벌고 재미도 있긴 하지만, 책에서 표현하기로는 그로 인해서 남성에 대한 실망감을 얻었다고 나오죠. 그렇게 표현을 하는데, 남자든 여자든 정신적으로나 심리적으로나 회복하기 힘든 상처가 생기지 않을까. 기존엔 그런 생각까지는 못 해봤거든요. 그래서 저는 읽는 내내 스즈미 님이 되게 안타까웠어요. 이분이 고등학교 때 처음 겪었던 매직미러 뒤에 있는 남자의 모습에 계속 갇혀 계시고, 그래서 남성에 대한 믿음이 없고, 이런 남자들과 사랑을 할 수 있을까 생각하는 게 너무 안타까웠어요. 그리고 지즈코 님도 되게 똑똑하고 현명한 분인데도 거기에서 벗어나지 못하고 있는 건 분명히 성 산업에서 상처를 입은 것 같아요. 그리고 거기에 가서 성을 소비하는 남자들도 상처받는다는 것에도 공감해요. 그들도 상대방이 받는 상처를 똑같이 받을 거라고 생각하거든요. 어떻게 생각하냐는 처음 질문으로 돌아가면 사실 잘 모르겠어요. 그런데 성 산업이 없어질 것 같지는 않으니, 할 수 있는 건 만들 수 있는 제도를 강화하는 것이겠죠. 이것이 어찌 보면 '구조'의 변화일 수도 있을 것 같아요.

한오석　저도 비슷한 생각인데요. 책에서 여자를 보는 시각을 세 가지로 나누더라고요. 존경의 대상, 보호하고 지킬 대상, 성적 대상. 결국에는 성적 대상으로 여자를 보는 건 자기의 본성이나 욕구와 관련이 있을 것 같아요. 그런데 저는 사람이 선함을 택할 수 있는 능력이 있다고 생각하거든요. 그게 물론 제어하기 어려운 부분이 있지만, 스스로 선을 선택함으로써 욕구를 다스릴 수 있기 때문이죠. 여자를 성적 대상으로 보는 시각이 생길 수는 있지만, 그전에 먼저 여자를 존경하는 마음을 가지는 게 필요하지 않을까요?

조한진　아이러니한 게 성과 사랑은 별개라고 많이들 인식하고 있잖아요. 그런데 여전히 결혼이라는 걸 다 좇고 있고요. 우리나라에서도 혼자 사는 사람들의 성 문제에 대해서 이야기가 나오는데, 저는 일본이라는 나라가 그렇게 섹스리스가 심하고 성적 불만족이 많은지 몰랐어요. 성적으로 행복한 나라인 줄 알았는데. 일본에서도 그렇고 우리나라도 마찬가지고, 이제 성 산업은 어쩔 수 없이 인정해야 하지 않을까 싶기도 해요. '성' 자체는 '사랑'이라는 것과 일치할 수만은 없다고 인식은 하고 있는데, 당장 내 실생활에서 성적 만족을 얻을 수 없다면 성 산업이 자연스럽게 따라오게 되지 않을까.

<u>버들</u>　전 책을 읽으면서 역으로 성 산업이 너무 발달해서 일본이 그렇게 됐다고 생각했어요. 오히려 성 산업이 덜 발달한 곳의 만족도는 어떨지 궁금해요.

남성이 여성을 성적으로 보는 건 본능적인가?

<u>심에스더</u>　저는 그런 질문을 드리고 싶어요. 남성이 여성을 성적으로 보는 게 본능적인가? 저는 그렇게 생각하지 않거든요. 그러면 할머니나 아줌마를 볼 때도 남성은 무조건 여성을 성적으로 봐야 되는데. 그렇게 절대적인 게 아니라 성적으로 보이는 여성의 부류는 따로 있거든요. 분명히 젊거나 어리거나, 혹은 성 경험이 없거나. 그런 여성들에 한해서 더 극대화된 섹슈얼리티를 느끼고, 섹시한 시선으로 여성이 소비되는 경우가 압도적으로 많죠. 우리가 태어나서 자랄 때 사실 아이들은 그사이에 성적 긴장감이 없거든요. 그것만 생각해봐도 본능적으

로 남자아이가 여자아이를 성적으로 본다고 말할 수 없다고 생각해요. 저희가 어렸을 때 그런 얘기 되게 많이 듣잖아요. 남녀칠세부동석. 그리고 남자는 이래, 여자는 저래. 페미니즘에서는 그걸 젠더라는 관점으로 보고, 우리가 흔히 알고 있는 섹슈얼리티를 포함한 여성성과 남성성은 사실 만들어진 것이 더 강하다고 보죠. 즉, 남성이 여성을 보면서 섹스의 대상으로서 상상하고 인식하게 만드는 건 사실 사회적인 통념, 제도, 문화이지 처음부터 그렇게 되는 것은 아니라고 말해요. 저는 거기에 동의해요. 왜냐면 너무 어렸을 때부터 남자는 파란색, 여자는 분홍색, 이런 식으로 배웠잖아요. 지금은 많이 달라지고 있다지만 여전하거든요. 여전히 깊이 남은 뿌리들이 있고요. 7살짜리 아이들이 서로의 몸을 보고 성애화하진 않잖아요. 어른들의 인식이 아이들을 바라볼 때 남자, 여자로 구분하는 거죠. 남자는 이래야 되고, 여자는 몸가짐 잘해야 돼. 여자는 성기 모아야 돼. 갓난아기 기저귀를 갈 때도 남자아이들은 사실 그냥 갈아줘요. 아무 데서나. 근데 여자아이들은 왠지 조심스러워하시고 가리면서 기저귀를 가는 양육자분들이 정말 많아요. 그건 사실 그 아이들이 본인들을 성적으로 인지하는 게 아니라 우리가 그러한 문화와 생활 습관, 뉘앙스로 길러내는 거라고 생각해요. 그래서 일단 저는 말씀하신 대로 남성이 여성을 성적으로 보는 것은 본능이 아니라고 생각하고, 그렇게 생각하도록 길러진다는 쪽에 좀 더 동의

하는 입장이에요. 개인적인 성적 성향이나 호르몬 같은 생물학적인 요소가 영향을 미칠 수도 있지만 그것을 절대적이라고 보기에는 무리가 있다는 거죠. 그래서 기본 전제가 여성을 성적으로 보는 것이 당연한 거지만, 배려하고 존중해야 된다는 주장은 개인적으로는 받아들이기가 어려운 부분인 것 같아요. 얼마든지 성적으로 보지 않을 수 있다고 생각해요. 만약 남성이 여성을 성적으로 보지 않게끔 사회 문화와 예술, 문화, 법, 농담 같은 모든 것들이 형성되어 있었다면 저는 달랐을 것 같아요.

이어서 요조 님이 질문하신 성 노동을 노동으로 볼 것인가로 돌아가 볼게요. 노동이라는 것이 어쨌든 자기가 가진 노동력과 생산 수단으로 돈을 버는 행동이라고 한다면 문자적으로는 노동이 맞다고 생각해요. 그런데 그것을 대하고 다루는 법이 첨예하게 갈리는 거죠. 양쪽 입장이 다 이해는 가요. 저 역시도 성을 악용할 때 불편해지는 것 같거든요. 노동이니까, 네가 선택한 일을 네가 책임지는 거니까. 이렇게 노동의 한 모습으로 인정하되, 거기서 나오는 모든 책임과 불이익도 개인이 감당하게 하면서 함부로 대하는 사람들을 봤을 때는 그것을 과연 노동으로 보는 것이 옳을까 고민이 되죠. 그렇다고 노동이 아니라고 했을 때는 성 산업 종사자가 당하는 사회 문화적인 왜곡된 시선이나 혐오가 걸리고요. 천박하게 여겨지고 같은 여성 내에서도 계층으로 나뉘게 되는. 그 일을 하는 사람이 인간 취급받지 못하는 현실에 대해서 생각했을 때는 하나의 노동으로 인정받아야 되는 부분이 있지 않나 생각해요.

그런데 아까 "이제는 여성들도 남성의 성을 소비하는 세상이 왔기 때문에 인간이 모두 똑같지 않으냐."고 말씀하셨는데, 저는 그 부분이 또 고민이 돼요. 대검찰청에서 발표한 성폭력 문제를 봤을 때 거의 98% 이상이 남성 가해자에 의해 여성 피해자가 발생하는 성폭력인데, 남자도 성폭행을 당하니 결과적으로 인간은 다 똑같다고 말할 수는 없다고 생각해요. 그건 구조적으로도, 현상적으로도 기울어져 있는 차이니까요. 그리고 여자들이 외모에 대한 고통을 되게 많이 받았잖아요. 거식증, 섭식장애 같은 몸에 대한 고통부터 성형, 화장 같은 게 여성을 중심으로 엄청나게 발달했죠. 그런데 여성의 외모에 대한 판단을 줄여가는 방향으로 나아간 것이 아니라 오히려 그것이 더 확대돼서, 남성에게까지 외모에 대한 기준과 고통이 확장됐다고 생각하거든요. 어떤 면에서는 '그래. 좀 당해봐라. 여자가 얼마나 고통당하는지' 이런 마음이 사실 하나도 없다고 하면 거짓말이에요. 왜냐하면 이해를 못 했으니까. 예쁘고 날씬한 여자를 좋아하면서 깨작대는 여자를 싫어하는 남성의 이중 잣대를 보면서, 몸매 관리에 대한 고통 똑같이 받아보라는 생각이 안 든 건 아니지만. 그러나 피부과에 갔는데 절반 이상이 남성인 현실을 보면서 '어머. 세상이 이제는 젠더리스 하네' 이게 아니라, 외모에 대한 기준과 고정관념이 이제는 어느 성별 할 것 없이 모두에게 확대됐다고 생각하면 사실 너무 안타까운 거죠.

<u>요조</u>　맞아요. 예전에는 남자들이 올리브영 같은 화장품 매장도 잘 못 들어갔는데.

<u>심에스더</u>　기억이 나요. 창피하다고 밖에 서 있고. 맞아요. 이젠 남자 화장품 코너도 많이 발달했어요. 그게 재밌기도 하고 좀 꼬숩기도 하지만 사실은 안타까운 거죠. 우리 다 그런 거 있잖아요. 어떤 고통을 겪었을 때 내 세대에서 끝나고 그다음부터 더 나아지면 참 이상적으로는 좋겠다는 생각을 하는데. 그게 더 이어져서 확장되는 모습을 보면 그게 과연 세상이 바뀌었다, 달라졌다고 말할 수 있는 걸까요? 그냥 여성이 압도적으로 성 산업에 착취 대상이었는데, 그것이 남성에게까지 이어지는 것이죠. 과연 이제 남녀 모두 공평하게 주체적인 성 구매자가 됐으니 하나의 산업으로 인정하는 게 맞을까 고민도 됐어요. 그리고 성 산업에 종사한 여성에 대한 평가와 성 산업에 종사한 남성에 대한 세상의 평가는 여전히 다르다고 생각해요. 왜냐하면 남성들 사이에서 여성을 경험한 것은 '트로피'이자 하나의 떳떳한 경력이고, 능숙함이 되잖아요. 그런데 여성들은 그것을 떳떳하게 말하거나, 자신의 자랑거리로 이야기하기가 불가능한 현실이거든요.

요조   그걸 단적으로 보여주는 캐릭터가 '다나카'인 것 같아요.

심에스더   그렇죠. 저도 그렇게 생각해요. 또 시대가 많이 바뀌어서 공평함에 대해서 생각한다고 하더라도 동거에 대한 시각은 여전해요. 어느 날 아들이 와서 여자 친구랑 동거하기로 했다고 가정해 볼까요. 헤어져서 남자애가 여자 친구와 동거를 그만두고 돌아와도 오히려 그 여자애 걱정을 할 것이지, 아들에 대해선 그다지 걱정하지 않을 거예요. 아들이 결혼을 못할 것 같은가? 생각보다 그런 걱정하지 않아요. 근데 딸이 남자 친구랑 동거하기로 했다면 여러분은 어떻게 할 것인가 생각해 보세요. 나중에 결혼 어떻게 하려고 그러냐고 말리지 않겠어요? 그게 2023년에 아직도 현실이거든요. 물론 뭐 몇십 명 중에 한두 분 정도 신경 안 쓰시는 분도 계시지만. 여전히 불안하고 걱정되고, 평판에 대한 두려움이 있죠. 나중에 결혼을 생각했을 때 동거 사실을 드러내도 문제가 없을 사람은 사실은 남성이라는 거죠. 그렇게 생각했을 때 성 산업의 문제는 정말로 주체적으로 선택했다 해도, 구조와 사회 문화적으로 얽혀 있는 부분이 커요. 드러나는 현실이 이제 여자도 성을 구매한다고 해서 남녀가 비슷해져 가고 있다고 말하기에는 너무 이르다는 생각이에요.

한오석　여성이나 남성이나 둘 다 성의 소중함이 있지만, 여성의 임신과 출산의 가능성을 종합적으로 고려했을 때 여성의 성이 조금 더 소중하다고 볼 수도 있지 않을까요?

심에스더　그건 좀 다른 문제인 것 같아요, 저는.

버들　그리고 임신과 출산을 안 하는 여자도 많고요. 그렇게 따지면 여성의 가치는 임신과 출산으로 결정되는 것인지 의문이 생기죠.

한오석　성관계라는 것 자체가 일단 여성의 성적인 선택에 있어서 조금 더 의미를 부여할 수 있지 않을까 하는 생각도 있고요.

심에스더　정말 부여하고 싶다면 부여할 수 있겠죠. 얼마든지. 어떤 여성은 자신의 성을 임신과 출산과 연결해서 더 큰 가치로 여길 수도 있어요. 근데 그것은 개인의 선택이지 사회적으로 "너는 임신 출산을 하는 몸이기 때문에 너의 성은 더 보수적이어야 된다. 여성의 성은 좀 더 소중해야 되고 남성의 성보다 더 가치 있게 여겨져야 된다."라고 말하는 건 사실 또 다른 족쇄나 차별로 이어질 수 있어요. 왜냐면 임신과 출산이 별로 중요한 가치가 아닌 여성도 있으니까요. 성의 즐거움과 쾌락이 더 큰 가치여서 안전하게 즐기는 게 더 중요할 수도 있죠. 여성이 쾌락을 좇았을 때 비판받는 사회적 분위기가 될 수도 있거든요. 여성의 성이 더 중요하다고 누군가가 정해서 부여할 수 없는 부분이죠. 근데 이미 우리 사회는 그걸 정해놨어요. 여잔 담배 피우면 안 돼. 넌 임신과 출산을 해야 하니까. 옛날엔 그게 진짜 하나의 큰 대전제였거든요. 정자와 난자가 만나서 임신이 되는 거잖아요. 정자 역시 담배에 영향을 받아요. 그러면 둘 다 담배도 피우면 안 되고 술도 마셔선 안 되는 몸이지. 둘 다 생명을 만들어내는 몸이니까요. 여성만 생명을 만들어내는 것은 아니라고 볼 수 있죠. 생물학적으로 그 부분에 대한 고민도 있어야 되지 않을까 생각해요.

한오석 그럼 아까 성범죄 비율 얘기도 하셨듯이 여자의 피해 비율이 더 높으니까 여자를 좀 더 보호하자는 취지에서는 그런 접근이 가능하지 않을까요?

심에스더 그럴 수 있어요. 근데 임신 출산 안 해도 성폭행하면 안 되죠. 그러니까 성은 동등하게 중요하다고 생각해요. 임신 출산해야 되는 몸이니까 성을 보호해야 된다는 것도 사실은 좀 어폐가 있어요. 그러면 남성은 성폭행당해도 되나요? 그건 아니잖아요. 성폭행은 남녀 모두에게 몸과 마음을 힘들게 할 수 있는 일이고요.
　하지만 그런 건 있죠. 여성은 성관계에서 젊어지고 갈

것들이 훨씬 많아요. 너무 불리해요. 그렇기 때문에 남성의 피임도 제대로 해야 되고, 자신의 욕구 때문에 함부로 여성의 몸을 도구로 사용해서 성적인 욕망을 해결하려고 해서도 안 되죠. 이를 위한 제대로 된 교육도 있어야 되고요. 이런 측면에서 성폭행 문제를 바라볼 수 있는 부분도 있겠지만, 임신과 출산을 하는 몸이기 때문에 더 폭력을 당해서는 안 된다고 말하는 건 또 다른 영역인 것 같기도 하고요.

성 노동은 노동인가?

버들 성 노동에 대해서 되게 조심스럽게 얘기하시는 것 같아요. 저는 책 읽으면서 젊은 애들이 요즘 더 보수적인 것 같다고 하는 말에 엄청 공감했거든요. 저는 성노동이 노동이라고 불리면 안 된다고 생각해요. 왜냐면 제 생각엔 아무나 할 수 있잖아요. 솔직히 내가 어디 가서 돈 받고 지금 당장 할 수 있는데. 돈을 번다는 측면에서 문자 그대로 노동이라고 볼 수 있겠지만, 그걸 노동이라고 인정해줘야 되나? 아무리 이해하려고 해도 안되더라고요. 저는 사실 이 책을 읽을 때도 이 작가가 AV 배우인지도 모르고 책을 폈어요. 그걸 알게 되고는 '뭐야. 내가 이딴 걸 읽어야 돼?' 이렇게 생각했어요. 갑자기 읽는데 막 열받는 거예요. 그 직업을 당당하게 얘기하면 저도 인정해 줄 수 있는데 대부분 숨기잖아요. 자기들이 걸리는 게 있어서 숨기는 건데, 그걸 왜 고귀하게 여겨줘야 되지? 저는 그 모순이 싫어요. 차라리 당당하면 알았다고 해줄 수도 있는데, 챙길 건 챙겨놓고 떳떳하지 못한 게 이해가 안 가요. 그리고 노동이라는 건 뭘 하더라도 노력과 기술 같은 배움의 과정을 거쳐서 하는 건데, 태어난 몸이면 할 수 있는 거를 노동이라고 해야 되나? 저는 그 생각이 책을 읽으면서 계속 들었어요. 당연히 학대를 당하는 것은 안 되고 보호해야 하지만, 그 업계에 종사하시는 분들을 이해할 순 없어요. 오히려 책에서 '트랜젝셔널 섹스'*라고 해서 사회적으로, 공개적으로 되는 건 성 노동이라기보다는 그냥 사회 문화적 현상으로 이해할 수 있겠어요.

심에스더 되게 신기하다. 그건 이해가 된단 말이에요?

버들 이해라기보다는 가나의 사례 같은 것들을 들면서 이야기 하니까요. 그래도 성 노동, 이건 뭔가 좀 그래요.

신서희 저는 사실 이 책을 다 읽고 나서 무슨 얘기를 해야 하나 했어요. 저는 페미니즘에 대한 생각을 깊게 해본 적이 없는 것 같더라고요. 그래서 교과서적인 얘기밖에 못 하겠다고 생각했어요. 일단 어렸을 때부터 한 번

* 성에 관한 거래 혹은 선물 또는 금전 및 기타 서비스를 주고 받는 요소가 포함된 성적 관계를 의미한다.

도 여자니까 어때야 한다는 말을 들어본 적이 없거든요. 또 여중, 여고를 나왔고요. 대학은 중문과를 나왔는데, 중문과는 성비가 반반이었지만 외국어는 여자가 더 잘하는 경향이 있잖아요. 그러다 보니 학과 생활에서도 남자라고 해서 무조건 주도권을 갖고 있지도 않았던 거 같아요. 교직은 또 여자가 더 많은 사회고요. 그래서 남녀차별을 느껴본 적도 없고 여자가 우원하거나 열등하다는 기조도 없었어요. 살면서 차별적이라고 생각해본 적이 없는 거죠. 그래서 책을 읽으면서 내가 이런 감수성이 많이 떨어지는구나 생각했어요. 반성도 되더라고요. 차별을 직접적으로 느껴야 관심을 갖게 되는데, 그런 거에 대한 경험도 많이 없고 여성이 중심이 된 사회에서만 쭉 살았던 거죠. 그래서 아까 성 노동에 대한 것도 '이게 노동이냐 아니냐가 이슈가 되나' 이런 생각을 사실 했어요.

어쨌든 저는 성이 쾌락으로만 소비되는 건 옳지 않다고 생각해요. 물론 성매매 종사자들이 한 인격으로서 보호받아야 되는 건 당연하죠. 그들이 비인격적인 대우를 받는 건 분명히 잘못됐지만, 이것이 노동이냐 아니냐는 글쎄요. 아니지 않나 하는 생각이 들어요. 사실 성이 쾌락적으로만 소비되는 문화를 바꾸기 위해서 노력을 해야지, 이들의 권익을 살려주는 노력을 하는 것이 과연 옳은지 모르겠어요. 물론 이들을 보호하지 말아야 한다고 생각하는 건 아니지만, 성이 쾌락적으로만 소비되지 않도록 바꾸려는 노력이 우선되어야 하지 않나 하는 생각을 더 많이 했어요. 사실 저는 이 책의 저자인 우에노 지즈코 님의 《집에서 혼자 죽기를 권하다》를 더 인상 깊게 읽었거든요. 이분도 싱글이고 제가 공감할 수 있는 부분이 많아서, 제가 여기 표시해 놓은 것도 대부분 페미니즘과는 무관한 내용이네요.

요조   그럴 수 있지.

신서희   반면에 스즈미 님의 생각은 90% 이상이 물음표예요. 왜 여자는 직업인으로 자립할 수 없어? 왜 결혼을 꼭 해야 돼? 그리고 여성은 왜 친구가 될 수 없는데? 또 결혼은 되게 하고 싶어 하잖아요. 저는 비혼주의자는 아니지만 어쩌다 결혼을 안 하게 됐죠. 하지만 친구들끼리 돌이켜보니 결혼 안 하길 잘했다고 얘기해요. 결국 하나 안 하나 플러스마이너스 똑같다. 다 얻는 게 있고 잃는 게 있다. 뭐가 더 좋다고 말할 수 없다. 그러니 결혼을 꼭 해야 하는 건 아니다. 근데 이분은 결혼을 꼭 하고 싶어 하면서도 차별 문제를 계속 얘기하시잖아요. 저는 왜 이렇게 생각하는지 궁금해요. 그리고 남자의 폭력성을 되게 강조하잖아요. 이렇게 생각하시는 분이 왜 이 직업을 선택했지? 그러면 이 직업을 선택하지 말았어야지. 본인이 선택해 놓고 왜. 이런 것들이 궁금했어요. 이분의 생각은 뭘까. 왜 이렇게 앞이랑 뒤가 다 모순될까 의문이에요.

요조   서희 님이 가지셨던 그 생각을 아마 읽으신 분들 모두 하셨을 것 같아요. 저도 그런 생각을 하면서 '진짜 인간은 복잡하구나' 했어요. 스즈미 님이 처음 성 산업에 발을 들이게 된 계기에 대해서도 보면, 물론 어머니 얘기도 나오지만, 저는 어머니와의 관계가 굉장히 극적으로 영향을 끼쳤다기보다는 시시껄렁한 반항심이 있었을 수도 있다고 생각해요. 그러면서 저 스스로 발견한 게, 스즈미 님이 그럴 수밖에 없는 당위를 제가 막 찾고 있더라고요. 그 삶이 비참해서 이런 얘기를 하는 건 아니지만요. 그냥 이럴 수밖에 없었던 이유가 분명히 있을 거라는 생각을 저도 모르게 하면서. 근데 그걸 못 찾겠어요.

심에스더   (웃음) 못 찾겠다, 꾀꼬리!

요조   엄마하고의 관계에서 결핍도 있었던 것 같고, 스즈미 님이라는 사람 특유의 개성도 개입을 했던 것 같고. 그 외에 호기심도 작용했을 것이고. 여러 가지 요건들이 작용을 했겠죠. 고등학교 때 그냥 친구들이 한다니까 '나도 해볼까' 해서 자기 속옷을 판매해 보고 그랬을 것 같아요. 그런데 거기에서 봤던 남성의 추악한 면모를 보고, 그게 평생 따라다니게 된 상황인 거죠. 서희 님 말씀대로 이게 이해를 하고 말고의 문제가 아니고, 그냥 이 사람은 이 사람의 인생을 이렇게 살았고, 나중엔 내가 이해하려고 하는 것 자체가 불가능한 일인 것 같다는 생각이 들더라고요. 책을 읽으면서는 계속 이해를 해보려고 선후관계, 결핍, 나의 경우도 생각해보면서 이렇게 저렇게 노력을 해보다가, 그냥 나중에는 이 사람 자체가 너무 복잡한 사람이란 걸 인정했어요. 결핍도 있지만 허세도 있고. 지적이지만 또 어떤 때는 굉장히 어리석은 부분도 있고. 그건 저도 마찬가지겠죠. 진짜 사람은 너무 복잡하고 딱 '이건 이래서 이렇고, 저건 저래서 저렇다'라고 말하기가 얼마나 어려운 일인가를 알게 됐던 것 같아요.

심에스더 사실 이분이 무슨 모든 성 산업의 종사자의 대표는 아니잖아요. 그리고 저는 과연 한 인간의 삶을 하나의 이유로 설명할 수 있을지 생각하거든요. 너무 재미있는 게 예를 들어 아빠가 폭력적이었어. 폭력을 경험한 그 집 아들이 결혼을 했는데 집에서 폭력적이야. 그러면 폭력적인 아빠 밑에서 자라서 그렇다는 얘기를 하잖아요. 근데 또 폭력적인 집에서 자란 아들이 그런 걸 보고 절대 폭력을 안 쓰고 오히려 더 온화한 모습을 보이면, 그 또한 아빠가 폭력적이라서 그렇다고 하면서 같은 말을 하거든요. 때문에 저는 그 이유를 찾는 게 사실은 우리가 좋자고 분류하는 것일 뿐이지, 그 이유가 중요한가 싶어요. 그건 아무 의미 없고, 어쨌든 그 사람이 지금 하는 말을 듣는 게 저는 중요한 것 같아요.

요조   그 이유를 찾으려는 관성이 진짜 무서운 것 같아요.

심에스더   왜냐면 다들 합당한 이유를 찾아서 마음 편하고 싶으니까요. 성을 산업으로 만든 건 사실 사회의 구조 속에 아주 오래된 역사잖아요. 실제 집창촌이라고 하는 곳에서 일하시다가 탈출하셔서, 거기 있는 사람들을 탈출시키거나 지원하는 성매매 여성 네트워크 '뭉치'가 우리 사회에 있거든요. 그분들은 성매매 업소 여성의 현실, 그들의 노동량, 어떤 일을 하는지에 대한 얘기를 하세요. 저는 그걸 듣고 보면서 어떤 생각이 들었냐면요. 내가 만약에 글 쓰는 게 좋아서 글을 썼더라도 그게 업이 되면 재미없잖아요. 이걸로 돈 벌어 먹고 살아야 되는 순간 너무 걱정이 되고, 평가받을 게 두렵고, 쓰는 게 즐겁지 않은 경험. 제가 왜 글쓰기라는 걸 굳이 예로 드냐면 사실 우리가 글쓰기라는 걸 굉장히 고상하고 아름답고 지적인 직업의 반열에 두는데, 기본적으로 성은 그렇지 않다고 생각하는 부분이죠. 왜? 말씀하신 대로 쾌락이라는 것 때문에. 근데 그게 일이 되는 순간 사실 그들 자신이 쾌락을 느끼진 않을 것 같아요. 그들은 사실 쾌락을 찾아온 사람에게 쾌락을 느끼게 해주는 소비재거든요. 실제 성매매 업소 여성이 하루에 몇 명의 사람을 상대하는지 아세요? 24시간 동안 15명을 상대해요. 10명에서 많게는 18명. 그럼 도대체 섹스를 몇 번을 해야 돼. 그때마다 오르가즘을 느낄 수 있을까? 즐거울까? 누구와도 몸과 마음이 동해서 즐거운 사람도 있을까요? 제가 감히 말할 수 없지만 그런 사람은 없을 것 같아요. 그리고 거기 찾아오는 사람도 나이스하게 하룻밤을 보내려는 왕자님들이 아니거든요. 술에 취해서 오고, 더럽고, 안 씻고. 거기는 여러 파트가 있어요. 내가 이 사람이 낸 돈에 따라서 뭘 해줘야 되는 게 정해져 있어요. 술에 떡이 돼서 오는 사람들이 30분 동안 얼마를 내면, 이 사람을 사정시키는 게 성매매 여성의 역할이에요. 술에 떡이 돼서 몸을 못 가누는 그 등치 큰 사람을 잡아서 목욕을 시키고, 그 상태에서 제정신이 아닌 사람을 흥분시키고, 사정이 완성돼야 그 돈을 받을 수 있어요. 근데 고객이 취해서 감각이 안 느껴지는 경우가 많은데, 그래서 사정이 안 되면 돈을 못 받아요. 그러면 노동력을 썼지만 돈을 받을 수 없는 거죠. 하루에 15명의 사람에게 나의 몸이라는 자원을 사용해서, 내 몸뚱아리를 이용해서 섹스라는 서비스를 제공했을 때. 저는 그 강도를 봤을 때 그건 엄연한 노동이라고 생각해요. 우리가 생각하는 것처럼 좋아하는 사람과 낭만적인 섹스를 원할 때마다 몇 번 해서 돈을 받는 게 아닌 거죠. 물론 그런 세계도 있겠지만요. 기본적으로 성매매의 본질은 나를 찾아오는 사람이 중심이 돼서 이 사람에게 성적 만족감을 주는 서비스를 제공하는 것이기 때문에, 그것은 결코 쉽거나 즐겁다고 말할 수 없다고 생각하거든요.

또 옛날에는 쓰레기를 치우거나, 고기를 써는 일은 굉장히 천박하게 생각하면서 직업의 귀천을 나눴잖아요. 그것이 일상의 평범한 사람들의 직업이 되고 노동으로 인정받기까지 되게 오랜 세월이 걸렸단 말이에요. 그 노동의 귀하고 천한 기준을 누가 정하나. 저는 이런 고민이 있어요. 그렇다면 성으로 서비스를 제공하는 것을 노동이라고 할 수 없는 걸까. 그리고 지금은 우리가 어떤 대가를 받고 성을 서비스로 제공한다고 했지만 예전에는 그런 것도 없었거든요. 예전에는 그냥 내 의지와 상관없이 상품으로서 어떤 집에 팔려 가기도 했고요. 자녀를 생산하는 도구로 어떤 한 집안에 나의 성을 제공하러 가기도 하고. 그때 그렇게 섹스를 했던 여성들은 실제로도 희생양으로만 취급되지 않고 사회 문화적으로 화냥년 취급을 받는 낙인이 찍혔단 말이에요. 여성이 섹스를 강제든 자발적으로든 제공했을 때는 그런 취급을 받는다면, 손가락질하고 왜 돈을 받고 파냐고, 그런 일을 하면서 왜 노동이라고 인정까지 받고 싶은 거냐고 말하면, '그런 일'이라는 것은 과연 뭔가. 우리가 그런 고민을 해야 하지 않을까요? 그렇게 섹스라는 것을 서비스로 제공하는 사람은 과연 언제나 손가락질당해야 하나. 나의 의지로, 혹은 타인의 의지로, 어떤 사정이 있든 없든, 내가 납득할 수 없는 이유로 성을 서비스로 제공한다면 그 사람의 일은 노동이라고 말할 수 있는 자격을 갖출 수 없는 걸까. 저는 그런 고민이 드는 것 같아요. 그럼 노동이란 무엇이지?

요조　그래서 책에 보면 스즈미 님이 왜 성을 팔면 안되는지 의문이 있다는 부분이 있었는데, 굉장히 의미 있는 질문 같아요. 스즈미 님은 스스로 질문을 했고, 어쨌든 이 사람은 그것을 실천에 옮긴 사람이라고도 말할 수 있겠어요. 사실 성이라는 게 다루기 조심스럽고 소중한 영역이면서도 어떻게 생각하면 얼마든지 아무것도 아닌, 그냥 재밌는 놀이가 될 수도 있는 거잖아요. 그렇게 생각하면 그냥 돈 주고받고 한번 하고 싶으면 하고, 얼마든지 그럴 수 있는 게 또 섹스가 아닐까. 우리가 섹스를 너무 중요하고, 소중하고, 함부로 하면 안 되는 일로만 생각한 것 같다는 생각도 한편으로는 들고요. 아마 그런 "왜 안돼?"라고 하는 반항심과 비슷한 것이 스즈미 님에게도 좀 있지 않았을까 하는 생각이 들어요.

버들　저는 팔겠다고 하면 팔아도 되는데, 고귀하게 여겨달라는 그 마인드가 싫다는 거예요. 스즈미 님도 기자로 활동하다가 들통난 거잖아요. 자기도 과거의 행적을 족쇄로 생각하고요. 그러면서 성 노동도 노동으로서 고귀하게 여겨달라고 하는 게 모순적인 것 같아요. 스즈미 님에게 공감하다가도 그런 모순에 멀어지고요. 저도 아직 아까 말씀드린 노동의 기준을 어떻게 세워야 될지는 모르겠어요.

심에스더   솔직히 우리가 회사만 생각해도, 회사 안 다닐 때 취업하고 싶어 하고 들어가면 때려치우고 싶어 하잖아요. 월급은 좋지만. 근데 전 성 노동도 비슷한 맥락인 거 같아요. 회사 다니면서 힘들다고 호소하는데 누가 "힘든데 왜 다녀? 네가 취업하고 싶어서 들어갔잖아."라고 말하면 사실 되게 섭섭하잖아요. 내가 선택해서 들어갔고, 어느 정도 힘듦도 각오했지만. 내 일상이 괴로울 것도 각오했지만. 그렇다고 해서 거기서 당한 고통이 감당할 만하고, 다 당연하고, 모두 예상이 되는 건 아닌 것 같아요. 아무리 내가 선택했고 예상하고 갔어도 거기엔 언제나 예외성이 있어요. 제가 아기를 둘이나 낳았잖아요. 그런데 제가 옆에서 보고 듣고, 책으로 읽었던 거랑 너무 다른 거예요. "이럴 거 알았으면 안 낳았을 거야!" 정말 이런 말도 한 적 있어요. 아니, 누가 모유 수유를 2시간에 한 번 한대? 그거는 이론적인 얘기고, 실제론 제가 거의 젖소처럼 22시간을 애를 달고 있어야 되는 거에 너무 충격을 받았어요. 어쨌든 애를 도로 넣을 순 없는 거잖아요. 근데 제가 수유 때문에 힘들고, 애 키우는 게 너무 힘들다고 했을 때 어떤 사람들은 "네가 선택해서 낳았는데 뭘 그렇게 힘들다고 그래?"라고 얘기해요. 그럼 그게 그렇게 섭섭할 수가 없어. 내가 선택해서 낳았으니 거기서 따라오는 고통과 어려움을 고스란히 다 감당해야 되는 게 맞는 건가. 그런 의문이 들어요. 내가 선택해서 들어간 회사면 거기서 불이익을 당하건 뭘

하건 그걸 다 감당하고 아무 소리 하면 안 되는 건가? 거기에 대해서 피해를 말해서도 안 되고? 독재 사회에서 내가 대통령 뽑았는데 너무 거지같이 일해. 그럼 거기서 불평하면 안 되는 건가? 그건 아니라고 생각해요. 인간은 역동적이고 유기적인 존재니까, 내가 각오하고, 예상했고, 선택했어도 실제 그 구조 안에 들어가면 예상하지 못한 다른 역동 속에서 저항할 수 있죠. 다른 스탠스를 취할 수 있고, 피해자성을 호소할 수도 있고, 다른 입장을 취할 수도 있죠. 저는 그게 인간의 권리이기도 하다고 생각하거든요. 이 여성도 그렇다고 생각했어요.

신서희　성 노동을 노동으로 인정해 달라는 요구가 법적인 혜택인가요? 아니면 사회적인 인식인가요? 사실 법적인 혜택이라면 일용직, 흔히 말하는 노가다도 법적인 혜택을 못 받는 건 똑같잖아요. 사회적으로 하나의 정당한 직업으로 인정하라고 했을 때 좋다 나쁘다는 잘 모르겠어요. 그걸 정당한 직업의 한 종류로 보고 세분화, 분업화해서 활성화하는 것이 옳을까? 그러면 좋은 걸까, 안 좋은 걸까? 잘 모르겠어요.

심에스더　저도 합법이 되는 것에 대해서는 아직도 의문이에요. 합법을 찬성하는 건 진짜 모르겠어요. 왜냐면 성매매가 합법화된 독일을 봤더니 폐해가 너무 많아요. 다른 나라에서 우르르 원정 성매매 가서 종사자들을 되게 함부로 대하고. 그러니까 일단 이건 인식 개선도 돼야 하고, 문화도 바뀌어야 되는 거죠. 성에 대한 인식을 총체적으로 바꿔야 하는. 사실 법으로만 허가해 놓는다고 해봤자 거기 있는 여성들이 정말 좋은 혜택을 가져가는 건 아니에요. 오히려 그 산업의 꼭대기에 있는 사람들이 더 유리한 입장인 경우가 많다고 하더라고요. 하지만 적어도 노가다는 불법이 아니잖아요. 이게 실제로 어떻게 되냐면, 단속이 뜨면 성매매 여성만 잡히고 손님은 안 잡혀요. 손님은 다 빠져나가게 해줘요. 옛날에 그런 문제가 정말 많았어요. 같은 경찰들끼리 눈 감고 봐주고. 신고는 들어왔기 때문에 상징적으로 일하는 여성만 가둬놨어요.

<u>신서희</u> 불법 게임장 같은 데는 손님도 다 걸리잖아요?

<u>심에스더</u> 네. 근데 이거는 계속 장사를 해야 되니까, 이 손님이 잡혀가면 평판이 나빠져서 앞으로 장사가 안 되잖아요. 그래서 암암리에 서로 봐주기도 하고, 상징적으로 여성 직원만 유치장에 보내고 남성들은 다 다른 문으로 빠져나가게 해주는 게 의례인 거죠. 지금도 마찬가지예요. 대체로 거기서 일한 여성들이 잡혀가지 그걸 구매한 남성들이 잡히는 경우는 정말 드물어요. 그런 법적인 문제도 있는 거고. 또 노가다는 "너 옛날에 뭐 했어?"라고 물었을 때 "나 옛날에 노가다 좀 뛰어서 유럽 여행 갔다

왔잖아."라고 하면 뭔가 되게 열심히 산 멋있는 경험을 해봤다고 생각하잖아요. 그런데 "너 유럽 여행 어떻게 갔어?"라고 했을 때 "나 성매매 좀 뛰었어. 열 명이랑 잤더니 유럽 여행 금방 가더라!" 이렇게 하면 어떨까요?

신서희   저는 만약에 법적으로 4대 보험을 해달라, 이런 거면 납득할 수 있을 거 같아요. 하지만 인식적으로 정당한 직업의 하나로 자리 잡으면 좋은 걸까? 잘 모르겠어요. 물론 법적인 인정과 보호는 해야 된다고 생각해요. 정말 형편이 어려워서 하시는 분들도 있으니까요.

심에스더   그럼요. 대물림 하는 경우도 너무 많고.

신서희   네. 그렇기 때문에 직업의 법적인 혜택은 있어야겠지요. 하지만 사회에서 정당한 노동으로 자리 잡아서 활성화되는 게 좋은 것인지는 의문이에요. 그게 아무렇지도 않게 되면 가정에서도 남편이 아내에게 흔쾌히 "그래, 한번 다녀와!" 이렇게 되는 건가요? 스트레스 풀게 게임방 한번 다녀오는 것처럼요.

심에스더   와, 가정에서? 정말 되게 새로운 관점이다. (웃음) 책에서 지즈코 님은 성은 팔 수 없는 것이라고 딱 잘라 정리하시고, 스즈미 님은 성은 정말 팔 수 없는 것일지 질문하잖아요. 근데 저는 사실 팔 수 없는 세상이 돼야 된다고 생각해요. 정말로. 그리고 청소년들이 야동도 안 봤으면 좋겠어요. 그런데 볼 수밖에 없는 현실 속에서는 무조건 보지 말라고 하는 게 답은 아니죠. 그러면 그것에 노출되거나 볼 수밖에 없는 선택을 했을 때 어떻게 대안을 마련하고, 분별하고, 그 안에서의 피해를 최소한으로 할 것인가를 고민해야 된다고 생각하거든요. 성 산업도 그런 관점에서 생각하게 되는 거예요. 전 성을 팔 수 없는 세상이 됐으면 좋겠어요. 성 구매자가 아무도 없었으면 좋겠어. 그리고 진짜 그렇게 하지 않아도 먹고 살 수 있었으면 좋겠어요. 여기서도 그렇게 말하잖아요. 그렇게 하지 않아도 먹고 살 수 있다면 아무도 성을 팔지 않을 거라고. 전 거기에 되게 깊이 동의해요.

신서희 근데 그러면 성 노동이 정당하고 너무 인정받고 이러면 안 되는 거 아닐까요?

심에스더 그게 딜레마였죠. 전부 부정하기엔 이미 너무 많고. 지금 내가 이렇게 말한다고 해서 그분들을 먹여 살릴 수 있는 것도 아니고. 성을 당연히 살 수 있는 거라고 생각했던 수많은 구매자들이 갑자기 사라지는 것도 아니고. 변화엔 시간이 걸릴 텐데. 그럼 그동안 그 사람들은 계속 불법적인 상황 속에서 불리한 노동을 하고 착취를 당하면서 있어야 되는 것인지에 대한 고민이 있는 거죠.

요조   얼마 전에도 기사로 봤는데, 집창촌이 슬슬 없어지는 추세잖아요. 예전부터 있었던 집창촌을 없애겠다고 하니까 거기서 일하고 있는 분들이 집회를 하는 거죠. 없애지 말라고. 여기를 바로 없애면 우리는 지금 당장 생계가 어려워지기 때문에 차후에 우리가 살아갈 수 있는 시간적인 여유를 주고 없애라고. 바로 없애면 우리는 어떻게 살란 말이냐. 이런 기사를 봤는데 거기에 엄청나게 댓글이 달렸어요. 대체로 다 그런 얘기죠. 그러니까 그 직업을 선택하지 말았어야지. 이런 일관된 댓글들. 그 말이 틀렸다는 건 아니지만 아까 에스더 님이 말씀하신 것처럼 그렇게만 바라보기에는 한 사람의 인생을 그렇게 간단하게 말할 수 없는 거잖아요. 고민하게 하는 일들이 되게 많아지는 것 같아요. 명확히 단정 지을 수 없는, 너무나 복잡한 마음이 들게 하는 사건들이 갈수록 많은 것 같고요. 이런 성매매나 성 산업에 관련된 일들 앞에서도 굉장히 마음이 복잡해져요. 옳고 그름을 단정 짓기가 너무 어려운 상황들이 많아지고, 그 앞에서 나는 어떤 입장을 취해야 될까. 그냥 이렇게 "뭐라고 말하기가 참 복잡하군."이라 말하는 게 지금 나의 최선인가. 읽는 내내 그런 생각이 들었어요.

뜬금없지만 우에노 지즈코 님 멋지지 않나요? 저도 이 책을 읽다가 알게 된 거지만 저서가 진짜 많으시더라고요. 보면 《여성 혐오를 혐오한다》 같은 아카데믹한 책도 쓰시지만, 그 외에 제목이 약간 '싼마이' 느낌인 책도 많이 쓰셨어요. 그래서 저는 이 책을 보기 전에 '이 분 정체가 뭘까' 생각한 적이 있었는데요. 이번 책을 보니까 되게 권위 의식이 없으시고, 페미니스트로서 페미니즘이라는 학문을 대중적으로 만만하고 편안하게 보여주고 싶어 하는 것 같다는 느낌을 많이 받았어요. 그래서 동료들한테 욕먹어도 꿋꿋하게 싼마이스러운 책도 쓰고. 이것저것 대중적인 활동을 많이 하셨더라고요. 대담집도 많이 내고, 서평도 이것저것 다 쓰시고. 그런 부분이 진짜 멋있어요. 사람은 기본적으로 멋져 보이고 싶잖아요. 있어 보이고 싶어 하고. 근데 그런 부분에 대해서 굉장히 쿨한 사람 같았어요. 그리고 이 책에서 스즈미 님이 계속해서 "왜 당신은 남성들에게 절망하지 않느냐. 자기는 이제 남자에 대한 기대가 없다."라는 식으로 초반부터 계속 시종일관 남자에게 체념해서 자기는 편하다고 하잖아요. 그러면서 계속 궁금해하죠. 왜 당신은 포기하지 않고, 절망하지 않느냐고. 사실 스즈미 님 같은 스탠스를 취하는 게 편하잖아요. 쟤네들은 말이 안통해. 걔네들은 나랑 대화가 안 되는 애들이야. 이렇게 생각하면 차라리 그게 편한 스탠스인데, 지즈코 님은 계속해서 거기에 저항하잖아요. 그것도 너무 멋있던데요.

심에스더 좋은 사람을 만나본 경험이 있다고 얘기하시는 부분이 있더라고요. 그래도 좋은 남자도 만나봤기 때문에 포기하지 않을 수 있는 힘이 됐다고. 그럼 스즈미 님은 좋은 남자를 정말 한 명도 못 만나봤을 수도 있는 거잖아요. 물론 자기가 보려고 하지도 않았겠지만. 또 그런 생각을 하니까 '내가 만난 좋은 남자는 누구지?' 그런 생각을 해봤어요. 좋은 남자가 누구일까. 좋은 남자는 뭘까. 결론은 나 스스로 굉장히 디폴트 값이 낮다는 거. 요만큼만 잘하면 좋은 남자라고 생각하게 되는 게 있는 것 같아요. 그러면서 이래도 되나 하는 생각도 좀 들고요.

버들　스즈미 님이 계속 왜 절망하지 않냐고 물어보면서 체념하는 태도를 보이잖아요. 요조 님 말씀대로 그게 편한 방식이죠. 사실 저도 그래서 연애를 안 하려고 하는 생각이 커요. 친구들은 맨날 소개팅도 나가고 그러는데, 저는 누가 소개팅 해준다고 해도 거절해요. 한 2주 전에는 회사 동료분이 해준대요. 그래서 전 이제 소개팅에 대한 기대도 관심도 없다고 했어요. 그러다 다른 분이 또 물어봤는데, 그분은 그래도 좀 믿을 만한 분이라 하겠다고 했어요. 그러다 상대방 프로필 사진을 보고 혼자 또 편견에 사로잡혀서 거절했어요. 프로필이 못 생기고 잘생기고를 떠나서 그냥 그 분위기 있잖아요. 몇 년간의 히스토리가 다 살아 있으면 이거 보게 되거든요. 나쁜 분은 아니었는데 진짜 저랑 안 맞을 것 같았어요. 리터러시를 생각하려다가도 '아니야. 촉이 왔으면 피해야지' 생각하고. 이것저것 고민하다가 결국엔 '역시 혼자 사는 게 짱이지' 하는 거죠. 근데 같이 읽은 책에선 연애 안 하면 고작 그거밖에 못 얻는다고 하니까 또 해야 하나 싶기도 하네요.

요조   해도 후회, 안 해도 후회. 맞아.

조한진   근데 좀 궁금한 게, 스즈미 님이 남자한테 엄청 실망하잖아요. 그게 좀 충격이었거든요. 그런 시각이 남자들에 대한 일반적인 생각은 아닌 거죠? 내가 몰라서 그런가, 주변에도 남자 자체에 그렇게까지 느끼는 사람들은 못 본 것 같아서요.

심에스더   사회생활을 해야 되니까 "남자가 싫어!" 이런 걸 드러낼 필요가 뭐가 있어요. (웃음) 겉으로는 두루두루 잘 지내려고 하는 거일 수도 있고. 모르겠습니다. 근데 없다고 볼 수는 없다. 이 정도로 말할 수 있지 않을까요?

버들   친구들 사이에서도 오픈한 애들이 있고, 아닌 애들이 있어요. 이건 몰라요.

심에스더   없진 않다. 이게 정확한 것 같아요. 그러니까 '꽤'인지 적은지, 이건 모르겠는데. 없지 않다. 어린 분들은 더 분명하게 표현하는 분들이 많아요. 제 또래만 해도 결혼 안 한 친구들 아직 많거든요. 근데 그래도 '나도 누구 만나야지' 혹은 '이제 귀찮아' 이렇게 약간 온건하게 표현하는 친구들이 대부분인데요. 어린 친구들은 "아니야. 한국엔 희망이 없어." 약간 이렇게 극적으로 표현하고, 그런 친구들을 분명히 저는 좀 많이 만나기는 해요. 그리고 무엇보다도 좋고 싫고를 떠나서 신변에 굉장한 두려움을 느껴요. 데이트 폭력, 스토킹, 성관계 문제에 진짜 공포가 심하고요. 스텔싱이라고 들어보셨어요? 외국은 스텔싱이 다 법적으로 성폭력에 해당이 되는데요. 그게 뭐냐면 콘돔 끼는 척했다가 사정할 때 빼버리는 거. 그게 우리나라에 정말 많아요. 성매매 업소 여성들한테도 콘돔을 안 끼고 해달라고 하는 게 일상이고요. 실제로 그런 거 때문에 임신 중지 수술도 자주 하시고요. 제가 상담한 친구 중에서도 스텔싱에 당한 아이가 있었어요. 근데 우리나라에서는 이게 아직 불법이 아니니까, 상대방이 문제없지 않냐는 식으로 반응했다고 해요. 설상가상으로 이 친구가 성병에 걸린 거예요. 그래서 법적 대응을 하자고 했더니 상대방이 자기 집을 안다는 거야. 자기가 자취하는데 상대방이 자기 집을 알아서 두렵다. 너무 화가 나는 거예요. 자기가 피해를 당했음에도 신체적인 힘의 차이 때문에 신고도 못 하고, 원하는 대로 화도 못 내고. 신고해봤자 우리나라엔 법률이 없기 때문에 경고나 솜방망이 처벌이고, 이후에 얼마든지 찾아와서 보복할 수 있다는 거야. 그래서 신고도 못 했어요.

조한진 신고를 해도 법적으로 뭐가 안 되는 거구나.

심에스더 지금은 안 돼요. 미국과 캐나다는 그게 법적으로 등록이 됐는데, 우리나라는 법안을 발의한 상태고 아마 아직 통과가 안 된 걸로 알고 있어요. 너무 심각한 문제죠. 속이는 거잖아요. 제일 야비해. 낀 척하고 빼는 거너무 없어 보이지 않아요? 이런 얘기를 그냥 평범한 일상에서 겪고 들으면, 어떻게 데이트를 할 수 있겠어요? 저도 어쩔 수 없이 직업이니까 이런 뉴스를 자주 보는데, 뉴스를 볼수록 싫어지는 거예요. 진짜 내가 누굴 좋아하지.

한번은 어떤 남자가 너무 억울하다고 인터넷 게시판에 글을 올린 거예요. 자기가 빌라를 관리하는 주인집 아들이라 맨 위층에 살면서 빌라 원룸을 관리한대요. 여자 혼자 사는 집이 있는데, 여자가 집을 나간 사이에 맨날 누가 들어온다는 거야. 몇 번 이상해서 문에 뭐를 껴놓으면 그게 떨어져 있다든가, 새로 산 매니큐어가 침대 위에 뿌려져 있다든가. 그래서 경찰이 조사를 하는데 주인집 아들이 젊은 남자니까 자기가 용의자가 돼서 너무 억울하다는 거예요. 자기가 남자라는 이유로, 대한민국에서 남자는 살기 어렵다는 얘기였어요. 결론은 범인이 이 남자가 아니라 여자의 남자 친구였어요. 남자 친구가 왜 그랬는지 알아요? 이 남자애가 자취를 하게 된 거야. 근데 여자 친구가 혼자 살잖아. 남자 친구는 여자 친구

집 비밀번호를 다 알았어요. 일부러 무서운 상황을 연출해서 겁을 준 다음, 자기가 지켜준다면서 같이 살고 싶었던 거예요. 그런 뉴스를 보면 정말 체념하게 되죠.

조한진　그런 뉴스를 보면 정말 그렇게 될 것 같아요.

심에스더　네. 근데 그런 뉴스를 제가 막 없는데 일부러 찾는 게 아니라 그냥 쉽게 접한다는 거죠. 자라 보고 놀란 가슴 솥뚜껑 보고 놀란다고, 옛날에 선조들이 우리에게 알려주신 그런 마음. 이런 사건 하나만 봐도 무서울 텐데 너무나 많으니까요. 대한민국에서 남자라는 이유만으로 의심받아서 억울하다고 했는데, 어쨌든 또 젊은 남성이 범인이니까. 댓글도 "남자가 남자했네." 이런 반응이 많았어요. 물론 모든 사람이 그러진 않겠지만, 자꾸 이런 사건들을 접하게 되면 "어떻게 멀쩡하게 데이트를 할 수 있지? 어떻게 내가 멀쩡하게 연애를 하지? 너무 무섭다." 이렇게 되는 거죠.

신서희　무서운 건 진짜 맞는 거 같아요. 그건 남자여서가 아니라 그냥 저보다 물리적으로 힘이 센 사람에 대한 근본적인 두려움.

심에스더　근데 우리가 아무리 우회하려고 해도 그런 폭력적인 모습이 우리가 흔히 말하는 남성의 모습으로 존재하다 보니 어쩔 수가 없는 것 같아요. 그렇게 표현하게 되는 걸 무조건 막을 수는 없는 부분이고, 참 어려운 것 같아요. 아무튼 많은지는 모르겠지만, 분명 있다.

조한진 남자의 문제라기보다는 그 사람의 문제라고 생각할 순 없을까요?

심에스더 맞아요. 그것도 맞죠. 근데 저는 이런 생각도 드는 거죠. 저희가 성폭력, 성희롱 예방 교육을 가면 통계를 보여드리게 돼요. 그럼 반드시 나오는 질문이에요. 사실 시비를 걸기 위해서도 있고요. 정말 순수하게 궁금해하시면 저도 순수하게 대답해 드리고요. 많은 분들이 굉장히 불쾌해하시면서 이런 통계를 왜 보여주냐, 남자가 잠재적 가해자라는 거냐고 항상 따지시거든요. 저도 서비스직 강사이기 때문에 너무 좋은 질문이라고 하면서 답변을 시작해요. 사실 안 좋은 질문인데. (웃음) 우리가 어떤 부분에 지속적인 문제가 있으면 그 문제를 해결하기 위해서 양상, 패턴, 상황을 분석하는 것이 너무 당연하잖아요. 패턴 특징을 살펴보니까 이런 통계가 나온 거죠. 우리나라 성매매 현상 통계를 보면 대체로 종사자는 여성이고 구매자는 남성이잖아요. 그럼 99%의 판매자가 여성이니 여기 계신 여성들은 다 잠재적 성매매 업소 여성이라고 말할 수 있나요? 그렇게 받아들이나요? 그렇지 않거든요. 성폭력 통계를 보여주고 남성을 잠재적 가해자 취급을 하고 싶은 게 아니에요. 이런 양상이 나타나는데, 주로 가해자가 남성이라면 그 이유가 뭔지 한 번쯤 생각해보자는 거죠. 왜 이 부분에만 유독 남성이 가해자로 많이 나타날까. 혹시 사회구조적으로 어떤 문제가 없나? 혹시 제도나 문화적으로 뭐가 있나? 법적인 뭐가 있나? 하고 찾아보면서 문제를 해결해나가는 거죠. 이 부분을 불쾌하게 받아들인 분들도 한번 생각해보시라고 말하고 싶어요. 또 질문이 있어요. 그렇다면 자기 여자 친구나 딸이 클럽을 간다든가, 짧은 치마를 입는다든가 하면 "나 빼고 다른 남자는 다 늑대야. 이렇게 입고 가지 마."라고 말할 이유가 뭐냐. 본인 이외에 다른 남성을 다 잠재적 가해자로 보는 게 아니냐. 그럼 거기서 다 말씀 안 하시거든요. 사실 그렇잖아요. 서로 신뢰도 없으면서 내가 개인적으로 낸 통계도 아닌데 왜 저에게 항의를 할까요? 통계에 그렇게 분노하는 걸 보면 저는 좀 의구심이 든다는 거죠.

신서희 근데 청소년은 그 남녀 갈등이 훨씬 더 심해요. 남자애들은 기본적으로 왜 자신들을 잠재적 가해자로 보냐는 반감이 엄청 강하고요. 사실 중학교에서 고2 정도까지는 여자애들이 여러 면에서 좀 더 우수하거든요. 거의 2~3년쯤 차이가 난다고 보면 돼요. 그러니까 남자애들은 그거에 대한 불만이 있고, 여자애들은 남자애들이 우스워요. 애기 같고 덜 발달해 보이니까 남자애들을 무시하는 경향이 있어요. 그런 상황에 이런 성교육을 하면 남자애들은 기존의 불만에 잠재적 가해자 취급을 받는다는 생각까지 더해져서 몹시 화가 나는 거죠.

하다못해 청소를 시킬 때도 무거우니까 남자애들이 좀 들라고 하면 바로 반발해요. 왜 우리만 시키냐고. 그래서 너네가 힘이 더 세니까 그렇다고 해도 안 통하고요.

심에스더 그게 바로 서희 님은 겪지 않으신 차별이죠. 사람마다 진짜 다르거든요. 무거운 게 있으면 두 명이 같이 들라고 할 수도 있고, 무거운 거 좀 들어줄 수 있는 사람 있냐고 물어서 자발적 참여 기회를 줄 수도 있죠. 여자애들 셋이 들게 한다든가, 아니면 힘센 여성에게 시킬 수도 있고요. 조금 여린 남자애들 둘한테도 시킬 수 있고. 그게 큰 딜레마예요. 왜냐면 어린 청소년들을 만나면 정말 분노에 차있어요. 남자애들은 거의 달래주기에 급급해요. 윗세대에서 해결하지 못한 문제를 대체로 아래 세대에서 해결하려고 하잖아요. 어린 세대부터 다시 바꾸려고 하는 게 사실 변화의 습성이죠. 지금은 이 세대에서 해결이 안 된 남녀 차별 문제가 심각하니 어린 애들부터 그렇게 키우면 안 된다고 생각하는 거고요. 그런데 한 반에 애들이 20~30명인데 일일이 교육을 못 하니까 아주 단순하게 교육하기 시작해요. 남자애들이 여자 애를 때리면 "너 남자애가 여자 때리면 안 돼. 남자는 여자를 지켜줘야 돼."라고 해놓고 여자애들이 남자애를 때리면 그냥저냥 지나가는 거죠. 그러면 남자애들은 억울함이 쌓이는 거야. 왜냐하면 일단 성장 속도가 여자애들이 2년 먼저 크거든요. 대체로 키도 덩치도 크고, 힘도 세요. 여자애가 때렸을 때 남자애도 진짜 아픈데, 남자라는 이유만으로 괜찮다고 한다면 평등에 대해 굉장히 왜곡된 교육이라고 생각해요. 그럴 때는 정확하고 세세하게 평등하기 위해선 폭력은 둘 다 안 된다고 가르쳐야죠. 한쪽이 아니라 서로 지켜주고, 서로 폭력이 일어나지 않게 도와야 한다고. 그러나 나중에 이런 첨언을 할 수 있어요. 보편적으로 남성들이 근육량도 더 많아지고 힘이 세지는 경우가 많다. 그럴 경우에 너희들이 지금 똑같이 때리던 습관이 든다면, 나중에 커서 너희가 물리적으로 힘이 더 세졌을 때 어떨까. 너희보다 약한 사람과 힘을 겨루게 될 때 힘을 조절하지 못해서 더 큰 힘으로 때리게 되면 그땐 정말 큰 문제가 생긴다. 어쨌든 힘을 조절하는 법을 생각하고, 배우긴 해야 된다는 관점으로 설명을 하죠. 애들이 다 그 얘기는 인정해요. 제가 5학년 아이들에게 이렇게 얘기했어요. "얘들아, 똑같이 때렸는데 억울하지? 여자애들 막 때리고 싶지?" 이렇게 물어봐요. 그럼 그렇대요. "선생님이 만약에 1학년 동생이랑 딱밤 때리기를 했어. 근데 그 친구가 손바닥으로 나를 되게 세게 때렸어. 그럼 너네 어떻게 할 거 같아?"라고 물으니, "야, 너 선생님을 이렇게 세게 때리면 어떡해!"라고 한대요. 근데 그때 "괜찮아. 선생님도 똑같이 때리면 되지."라고 하면 어떨 거 같냐는 질문을 했어요. 그리고 제가 1학년 친구를 있는 힘껏 때리는 걸 생각해 보라고요. 그랬더니 걔네가 "그럼 완전 쓰레기죠." 이러 더라고요. 걔도 나를 때려서 나도 아픈데. 나는 왜 똑같 이 때리면 안 되냐고 물으면, 선생님은 더 힘이 센 어른 이니까 안 된다는 대답이 나와요. 전 남녀의 힘의 차이 도 마찬가지라고 생각하는 거예요. 그러니까 아이들한 테 단순히 남자니까 여자를 때리면 안 된다는 게 아니라 물리적, 사회적 힘의 차이를 생각할 기회를 주는 거죠. 그런데 40분 동안 강의에서 할 말이 10개가 있는데, 이 얘기만 해도 20~30분은 그냥 가거든요. 너무 시간도 부 족하고 세세하게 접근하기도 참 어려워요.

2030 남녀 갈등, 복잡해진 페미니즘

요조   같은 남성이라고 해도 우리 또래의 남성과 어린 남성들의 사고방식이 너무나 달라요. 어린 남성들 사이 에서는 억울함이 상당히 높게 측정되잖아요. 나이대가 있는 남자들은 납득을 해요. 우리가 이런 부분은 진짜 미 흡했고 잘못했다고 인정하죠. 근데 어린 친구들은 이해 를 못 하는 거예요. 오히려 내가 더 차별을 받으면서 살 고 있는 것 같은데 뭔 소리냐면서 억하심정이 있는 거죠.

심에스더   그러면서 항상 꺼내는 게 군대 문제. 군대 애

기를 하면 또 몇 시간짜리 수업이 돼야 되는데, 그럴 시
간은 없죠.

요조   페미니즘 같은 경우도 처음에는 그러지 않았는
데 MZ 세대들 사이에서 남녀 사이의 반목이 심해졌다
고 하잖아요. 그러면서 서로 연애도 잘 안 하고, 서로 이
해도 잘 안 하고. 남자들도 억울함이 커지고, 오해도 많
아지고요. 페미니즘에 대한 오해도 덩달아서 커지는 거
죠. 페미니즘도 뭔가 원래의 의도와는 다르게 소비가 되
고. 여성의 경우에도 페미니즘을 오해한다거나 혐오하
는 상황들도 일어나게 되는 것 같고요. 그래서 저는 이
것도 좀 여쭤보고 싶었어요. 페미니즘이라는 단어 자체
가 예전하고는 또 다른 느낌이 된 것 같아서, 여러분에
게 페미니즘은 어떤 정의를 가지고 있는지 궁금해요. 왜
냐하면 저는 그런 질문을 가끔 들을 때가 있거든요. "페
미세요?" 이런 질문.

심에스더   저는 "메갈이세요?" 이거요. (웃음)

요조   그런 질문을 들으면 아주 짧은 순간이지만 내가
어떻게 대답해야 될지 고민하게 돼요. 맞다고 해야 될
까, 아니라고 해야 될까? 그러면 다시 질문을 하게 되는
거죠. 당신이 생각하는 페미니즘은 어떤 페미니즘이냐
고. 일단 페미니즘의 정의부터 합의점이 찾아지면 그때

내가 페미니스트인지 아닌지 말해줄 수 있을 것 같다고요. 그럼 합의점까지 대화가 진행이 잘 되지 않는 경우가 대부분이고, 거기까지만 된다고 해도 이미 그 상황 속에서 어떤 결론이 나는 느낌이랄까요? 다시 말하면 페미니스트냐고 묻는 질문 자체에 어떻게 보면 답이 있는 거예요. 이 사람이 나를 어떻게 생각하는지에 대한 답이요. 어쩌다 이 단어가 이렇게 됐을까요? 여러분은 이 책 읽으면서 괜찮으셨어요? 저 이 책 표지 보고 약간 숨기게 되던데.

심에스더 맞아요. 저는 그래서 이렇게 숨겼어요. 저는 제가 페미니스트라고 늘 밝히지만, 지하철 같은 공공장소에서 잘못하면 정말 어떤 해를 당할지 모른다고 생각해요. 제가 그래서 정말 숨기면서 책을 봤다니까요. 정말 이렇게 우리가 사상 검증을 당해야 되나?

요조 저도 이 책을 카페에서 읽었는데요. 여럿이 앉는 큰 테이블에 저 포함해서 한 네다섯 명이 앉아 있었어요. 제가 읽다가 테이블에 책을 올려두고 화장실에 다녀왔거든요. 그런데 그사이에 어떤 기류가 달라진 거예요. 여기 앉은 사람들이 그전에는 내가 책을 보든 말든 신경도 안 쓰다가, 제가 자리를 비운 사이에 책 표지와 제목을 본 것 같아요. 은근히 눈으로 제 쪽을 힐끔거리더라고요. 뭔가 되게 의식하면서요. 그래서 다른 분들은 괜찮으실까? 이런 생각을 했어요.

심에스더   아니, 페미니즘의 한계라고 했으면 괜찮아. 근데 시작한다고 하니까 문제야. (웃음)

요조   진짜 웃기네.

한오석   저는 지하철에서 들고 다니면서 전공책 같은 거 자랑하는 느낌으로 좋았어요.

심에스더   너무 재밌습니다. 귀여워!

요조   진짜 귀엽다.

버들   평소에 친구들한테 좋은 책 읽으면 추천을 되게 많이 하거든요. 근데 여자 중에서도 페미니즘에 대해 거부감을 가진 사람도 있으니까 쉽게 말을 못 하겠더라고요. 사실 이 책 내용 중에 생각보단 페미니즘 얘기가 많이 없기도 하잖아요. 그래도 페미니즘을 시작한다는 책을 내가 추천하기가 좀 그랬어요. 나도 아직 잘 모르는데.

한계에서 다시 시작하는 페미니즘

요조   그래서 좀 여쭤보고 싶었어요. 일단 여러분은 페미니즘을 뭐라고 생각하시는지요.

조한진 저는 사실 아까 서희 님이 하셨던 말씀에 되게 공감했어요. 그냥 보통의 사람은 평소 페미니즘에 대해서 별로 생각해보지 않고, 페미니즘은 그냥 여성들이 자신들의 권익을 높이려고 하는 운동이라는 정도로만 알고 있잖아요. 저 역시도 크게 고민해 보지 않았고요. 사실 이전까지는 현재 사회에서 남녀가 그렇게까지 불공평한가 생각했어요. 그런데 이 책을 읽으면서 앞부분엔 페미니즘 얘기보다는 그냥 사는 이야기들 나와서 편안하게 읽다가 뒤로 갈수록 조금 불편해졌다고 할까요. 제가 생각하는 것보다 여성 인권이 훨씬 더 존중받지 못하고 있는 게 아닐까 하고 느꼈어요.

사회의 기본적인 인식 자체가 남자 위주일 수 있다는 생각이 들어서 마음이 무거웠어요. 평소에 여성을 폄하하지도 않았고, 여자들이 별로 불평등하다고 느끼지도 않았지만요. 물론 성 산업은 성차별하고는 조금 달리 생각할 수 있지 않나 의문이 있지만, 그래도 기본적으로 사회가 남자들 위주로 돌아가는 것 같다는 생각이 갈수록 들더라고요. 그러면서 여성에 대한 혐오가 왜 시작됐을까 궁금했어요. 결국 물리적인 힘의 차이에서 기인한 건가 싶기도 하고요. 그리고 이제부터 뭘 어떻게 해야 되는지 고민도 되지만 확실한 답을 얻지는 못했어요. 책에서 페미니즘에 대한 얘기를 많이 하지는 않더라고요.

끝에 가서 공감된 부분은 남자든 여자든 서로를 이해하는 노력이 있어야 된다는 거였어요. 원론적인 얘기긴 하지만요. 지금 시대에 남녀 모두 피해받는 부분이 있지만, 그래도 기본적으로 사람에 대한 존중이 있어야 거기서부터 논의가 시작될 수 있지 않을까 합니다. 사실 저 개인적으로는 이런 책을 이번 기회가 아니면 접하기 어려웠을 거 같아요. 이번 기회에 생각을 많이 하게 됐어요. 왜 여성분들이 그렇게 불편해하는지 조금은 이해하게 되었습니다.

<u>요조</u>   서희 님은 어떻게 생각하세요?

<u>신서희</u>   저는 사실 운 좋게 그런 성차별적인 집단에 속한 적이 없었을 뿐, 이 사회는 굉장히 성차별적이라고 생각해요. 제가 경험이 없었을 뿐이죠. 후배들이 결혼해서 출산을 고민할 때 저는 사실 쉽게 낳으라는 말을 못 하겠어요. 저는 겪지 않았지만, 우리나라에서 결혼과 출산을 하면 여성은 경력이 단절되고, 희생해야 될 부분이 너무 많으니까요. 그래서 섣불리 그렇게 하라고 말을 못 해주겠다는 거죠. 저는 페미니즘이라는 게 여성과 남성이 성별이 다를 뿐이지 아주 평등한 인격체라는 걸 말한다고 생각해요. 그리고 우리나라에서 건강한 페미니즘에 대한 개념을 성립하는 게 정말 필요한 것 같아요. 지금은 대부분의 청소년 남자애들은 페미니즘을 일베와 동급으

로 보는 인식이 생겼잖아요. 그렇기 때문에 저는 건강한 페미니즘 개념을 구축하고, 그걸 사회적으로 보편화하는 게 필요하다고 생각해요. 이를 위해선 제도의 변화가 필수적이겠지요. 사람들의 생각을 강제적으로 바꿀 순 없으니 제도가 먼저 바뀌어야할 테니까요. 제가 경험하지 못했을 뿐이지 결혼한 친구들 보면서 안타까운 게 너무 많았거든요. 하다못해 제자들 중에서도 서울대 나오고, 전교 1등 한 친구들이 아이 낳고 혼자 휴직해요. 남편은 승승장구하는데 혼자 휴직해서 아이를 키우는 모습. 이러니까 사람들이 다 아이를 안 낳지. 아무튼 건강한 페미니즘을 형성하는 게 제일 큰 숙제인 것 같아요.

<u>한오석</u> 저도 건강한 페미니즘에 대해서 생각을 좀 해봤는데요. 책 270쪽을 보면 스즈미 님이 '나는 페미니스트는 아니지만' 이런 표현을 해요. 그 얘기를 듣고 우에노 님은 페미니스트의 입장에서 왜 그렇게 표현하냐며 불편해하기도 하고요. 그런 질문이 지금 필요하지 않나 싶어요. 너무 격앙되어 있는 지금의 상황에서 페미니스트를 보호해 주는 문장이라고 생각해요. 그리고 '조금 더 윤리적인 페미니즘이 있지 않을까?' 하는 생각도 해봤고요.

<u>요조</u> 윤리적인 페미니즘에 대해서 더 구체적으로 들어볼 수 있을까요?

한오석 지금은 남녀가 서로 혐오하잖아요. 여성이 페미니스트라고 하면 혹시 남성 혐오자는 아닌지 의심하고요. 남성이 역차별 철폐와 여성가족부 폐지를 주장하면 남성 우월주의자로 보기도 하고요. 서로 혐오를 없앨 수 있는 방법을 고민해야 한다고 봐요. 근본적으로 왜 페미니즘이 생겼는지를 다시 돌아보는 게 필요하지 않을까요. 사회정치적으로 급진적이라고 분류되는 '래디컬 페미니즘'의 래디컬은 사실, '근본적인'이라는 뜻을 가지고 있습니다. 그 어원은 'root'이고요, 그 뜻처럼 뿌리를 봐야 하는 것이죠. 저는 이 단어가 페미니즘이 본래 주장했던 남성 중심의 역사에서 차별받던 여성의 인권을 회복하기 위한 '여성 인권신장운동'으로 돌아갈 수 있는 실마리를 제공한다고 봅니다. 따라서 윤리적인 페미니즘이란, 서로의 혐오를 줄이고 여성 인권에 집중하는 페미니즘이라고 생각합니다.

조한진 그래도 예전에 비하면 많이 좋아진 거라고 볼 수 있을까요?

심에스더 그런 부분도 있기는 있죠. 그런데 좋아진다는 것은 어떤 걸까요? 남자 정치인 열 명 중에 여자 정치인이 한두 명 생겼으니 좋아졌다고 말해야 되나? 그러니까 제가 아까도 말했듯이 디폴트 값이 너무 낮은 거죠. 예를 들어 공무원 합격자 중에 반드시 일정 성별 비율을 맞추게 됐다는 것만 보면 물론 좋아졌죠. 그런데 여성의 사회 진출이 높아지면서 사실 합격자 중 여성이 압도적으로 많아졌어요. 생각해보면 성평등을 위해 나온 정책이지만 여성들에게만 이득이 있는 것이 아니라 역으로 남성에게도 득이 되는 거예요. 남성들이 성적에서 밀려 떨어지더라도 성평등을 위해서 정해진 퍼센티지만큼 합격이 되는 거니까요. 그렇기 때문에 성평등 정책은 사실 남성, 여성에게 다 좋은 거거든요. 근데 사람들은 대부분 남자가 압도적으로 많이 붙을 거라고 생각해요. 그 자리에 여자를 억지로 껴준다고 생각하는 것 때문에 남성에게 불리하고 역차별적인 제도라고 생각하는 거죠.

저는 남녀 갈등에 대한 피로도가 높아진 것에 비해서 여성의 권리가 압도적으로 좋아졌다고는 생각하지 않거든요. 물론 과거에 비해 좋아지고 있는 건 사실이지만, 이만큼 오기 위해서도 이런 백래시와 갈등을 경험하는데 과연 이것을 좋아진 것이라 할 수 있는지. 사실은 많이 지치고 힘들 거라는 생각도 들어요. 페미니즘은 결국 몇백 년 전이나 지금이나 여자도 사람이라는 그 아젠다, 그 슬로건이 가장 근본이라고 지금도 그렇게 생각해요. 저는 아직까지 사회적으로 남성이 인간의 기준이라고 생각을 하거든요. 남녀 특성의 구분이 요새는 많이 흐려졌다고 하지만, 여전히 남성성을 말하면 '과묵하다', '말이 없다', '야망 있다', '경제력 있다', '감정 표현을 하지 않는다' 같은 특성을 말해요. 여자아이들은 잘 울고, 감정적이고, 소심하고, 예뻐야 하고, 적게 먹어야 된다고 말하죠. 그런데 흔히 남자애들을 비난하거나 욕할 때 기집애 같다고 해요. 너 여자애처럼 뭐 하는 거냐고 하죠. 되게 힙한 미드나 영화를 봐도 남자를 욕할 때 여성 성기에서 비롯된 욕설을 하면서 기지배처럼 군다고 남성을 비하하거든요. 사회적 인식이 기본적으로 여성 비하적이에요. 우리가 흔히 여성성이라고 알고 있는 그 관념 자체가 사실은 되게 열등한 거죠. 2등 시민인 것 같은. 대체로 성공하고 사회에서 인정받는 성향은 흔히 남성성과 연결되는 과묵함, 담대함, 용감함이고요. 여성성과 연결되는 찔찔 짜고, 감정적이고, 연약한 특성들은 사회에서 성공의 요건이나 인간으로서 인정받는 가치는 아니라고 생각해요. 그래서 더욱 보호해야 되고 아껴줘야 된다는 말로 포장하지만, 사실 더 열등한 존재로 여기는 인식이 깔려 있죠. 저는 겉으로 보이는 권리보다 사실 그 밑에 있는 뼛속 깊은 이런 가치관이 더 문제인 것 같다고 생각해요. 무엇이 더 열등하고 우월하다는 그 인식 자체가 사라졌을 때 진정한 평등이 올 거예요. 하지만 현실은 그렇지 않죠.

유명한 페미니즘 학자가 한 말인데 들어보세요. 요즘 부모들이 굉장히 남녀를 평등하게 키운다고 하죠. 많은 부모들이 여자아이가 나무를 타고, 거친 스포츠를 하고, 공룡을 좋아하고, 과학을 잘하고, 소위 말하는 남자애 같은 모습을 보이면 걱정하는 척하면서도 뭔가 우월감을 느낀대요. "우리 딸은 공룡을 좋아해. 남자애처럼 애가 거칠어."라고 말은 이렇게 하죠. 하지만 남자애가 치마를 입고, 인형 놀이를 하고, 장바구니를 들고 다니고, 여성적인 모습을 보이면 진심으로 걱정을 해요. 저는 지금 이게 현실이라고 생각해요. 여성성이라고 특징지어지는 것들을 열등하게 바라보는 사회적 시선 자체가 사실 더 근본적인 문제이자 혐오라고 봐요. 여기서 혐오는 미소지니예요. 일본에서 우리나라로 넘어올 때 미소지니가 여성 혐오로 번역됐다고 해요. 이때 혐오는 무언가를 징그럽고 싫어하는 혐오가 아니에요. 흔히 그렇게 오해하고 여성 혐오에 대해서 "나 여자 좋아하는데. 우리가 무슨 혐오를 한다고 해?" 이렇게 말하기도 하죠. 하지만 미소지니는 단순히 개인적인 감정의 문제가 아니라 무엇을 더 열등하게 보고 우월하게 보느냐, 무엇을 더 가치 있게 보고 가치 없게 보느냐, 무엇을 더 중요하게 생각하고 중요하지 않게 보느냐의 문제예요. 미소지니의 측면에서 여성성의 가치가 사회적으로 훨씬 폄하된다는 거죠. 그런 의미에서 저에게 페미니즘은 여성도 사람이라고 말하는 주장이에요. 이런 시각에서 저는 우리 사회가 많이 달라져야 하고, 한참 멀었다고 생각하고요.

신서희   그래도 처음 질문하신 대로 많이 좋아졌냐고 묻는다면 되게 많이 좋아지긴 했죠. 제가 처음에 직장생활 시작했을 때 학교에서 회식을 가면 교장, 교감 선생님이 여교사한테 노래방에서 부르스 추자고 하는 게 익숙했어요. 근데 지금은 만약에 교장 선생님이 여교사에게 "오늘 예쁘게 입고 왔네. 소개팅 해요?"라고 물으면 바로 성희롱이라는 지적이 나와요. 지금은 그런 성 인지 감수성이 그래도 많이 높아졌죠. 아직 갈 길은 멀다지만 한 10년 사이로 그런 긍정적인 변화가 생긴 거 같아요.

심에스더   맞아요. 그건 사실이에요.

신서희   굉장히 많이 바뀌었고 지금 조직에서는 그런 말조차 절대 꺼내면 안 되는 문화가 자리했어요. 그래서 오히려 남학생 부모님들이 우리 애가 뭘 그리 잘못했냐며 더 성화시죠.

요조   제가 좋아지고 있다고 생각하는 점도 이제는 모두가 눈치를 본다는 거예요. 실질적으로 어떤 부분이 개선됐는지는 잘 모르겠고 아직 갈 길이 먼 부분도 있지만요. 어르신들도 요즘에 이렇게 얘기하면 큰일 난다고 자기네들끼리 장난치시잖아요. 되게 재밌어요. 그렇게 얘기한다는 것 자체가 얼마나 큰 발전이에요. 옛날에는 그거를 아예 인지조차 못 하셨을 텐데. 어쨌든 저는 이거는 큰 발전이라고 봐요. 그리고 에스더 님이 백래시를 말씀하셨는데, 저는 백래시 안에서도 약간의 긍정성을 봐요. 그런 대립항이 있어야 우리가 각성을 하고 뭐가 문제인지 인지할 수 있으니까요. 그런 점에서 요즘 젊은 남성들의 억울함이랄지, 백래시랄지, 이런 것들이 물론 긍정적인 현상이라고 보기 어렵지만, 어쨌든 장기적으로 봤을 때는 더 좋은 방향으로 가기 위한 하나의 단계라고 봐요. 더 좋아질 거라고 믿고요.

저는 페미니즘이 뭐냐고 묻는다면 여성에게도 남성에게도 필요한 이념과 가치라고 생각해요. 지금은 여성만을 위해서 존재하는 이념처럼 여겨지지만 사실은 남성에게도 너무나 이로운 이념이에요. 궁극적으로 남자에게 강요된 남성성으로부터도 해방시켜 줄 수 있는 이념이기 때문이에요. 남자들도 가부장제의 피해자니까요. 그런 강요된 남성성에서 자유로워져서 남자들만 가장이 될 수 있는 것이 아니라 누구든 능력 있는 사람이 가정을 대표하고 책임질 수 있고. 누구나 동등한 인격체로서 관계를 맺을 수 있는, 여자도 하등한 존재에서 벗어나고, 남성도 강요된 가부장제 안에서의 남성성에서 자유로워질 수 있는 그런 이념이라고 저는 생각해요. 그런데 그 과정에서 처음엔 여성 중심적으로 여성의 편의만 맞춰주는 것처럼 보일 수 있죠. 왜냐하면 일단 지금은 너무 불균형한 상황이니까. 기본적인 균형을 맞추려는 과정에서 여자의 편의만 맞춰주는 것처럼 보일 수가 있고, 이때 남자들로서는 억울해질 수 있죠. 그런 부분도 저는 이해가 돼요.

하지만 그러면서도 제가 꼭 생각하게 되는 건 이거에

요. 예를 들어 성폭력 같은 걸 얘기할 때 남자들도 성폭력을 당하고 위험에 처할 수 있다는 의견을 주실 때가 있는데, 맞아요. 그것도 너무 맞는 말인데, 문제는 그런 상황이 있을 때 여자는 죽어요. 하지만 남자는 잘 안 죽거든요. 그런 사건 사고가 발생하면 여자는 너무나 쉽게 죽임을 당하지만, 남자는 그렇지 않다는 것이죠. 거기에서 오는 공포의 차이가 분명해요. 남자도 밤길 혼자 가면 무섭다고 얘기하지만 그 무서움은 여성이 느끼는 거하고는 같은 차원일 수가 없어요. 남자들도 그렇게 느낄까? 남자들도 내가 죽을 수 있다고 느낄진 잘 모르겠어요. 근데 여성의 경우에는 내가 여기서 잘못하면 죽을 수 있고, 죽음으로 가는 과정에서 성적으로 유린당할 수 있다는 것이 너무 디테일하게 상상되는 거죠. 그래서 남자들이 우리도 무섭다고 얘기할 때 여성이 생각하는 무서움과 얼마나 비슷할지 생각해보면 그런 부분에서 동의가 잘 안 돼요. 예전에 전 남자 친구하고 어떤 일이 있었냐면요. 제가 밤 11시쯤에 작업실에서 앨범 작업을 하다가 배가 고파진 거예요. 남자 친구랑 통화하면서 너무 배고프다고 얘기를 했더니 배달시켜 먹으라고 하더라고요. 근데 그 작업실이 되게 으슥하고 외진 상가 건물의 옥탑방 같은 데였어요. 그니까 그 건물에 지금 나밖에 없는 거고요. 그러니까 저한텐 거기서 음식을 배달해서 먹는다는 게 상상할 수 없는 일이에요. 배고픔을 참든지, 나와서 먹든지 해야 되는데, 남자 친구는 쉽게 배달해서 시켜 먹으라고 한 거죠. 걔도 악의는 전혀 없겠지만 그런 생각 자체를 못 하는 거예요. 그 위험성에 대한 생각을. 저한테는 그게 너무나도 당연한 생각인데. 그러니까 그런 차이들에 대한 부분을 지속적으로 서로 이해하려고 노력해야 된다고 생각해요. 우리는 이런 생각을 못 해봤는데 이럴 수 있겠구나, 하는 그런 공감이 굉장히 필요한데, 이게 잘 되는 경우도 있지만 잘 안 되는 경우도 많지요. 페미니스트들 중에서도 래디컬하신 분들은 주장이 좀 과격하고 남성을 이해하려는 태도를 보여주지 않는 거 같아요. 그들도 이해와 공감을 받지 못하고 억압당한 분노가 너무 많으니까. 관용이 발휘가 안 되는 거죠.

심에스더   더 이상 설명하기 싫은 거죠. 참을 만큼 참았어.

요조   그래서 "너네가 그동안 했던 거 우리도 누릴 거야." 이러면서 내세우는 래디컬한 입장들이 유발하는 오해들도 있는 거죠.

심에스더   그래서 그들을 쉽게 손절하기가 애매해요. 흔히 요새 '터프'라고 하는 분류의 페미니즘이 있는데, 그건 트랜스젠더를 배제하는, 완전히 생물학적 여성성만 여자라고 하는 주장이에요. 이건 우리가 흔히 말하는 페미니즘에서는 사실상 같이 갈 수 없는 노선으로 사회적

합의가 됐어요. 그거 말고도 우리가 흔히 말하는 래디컬 페미니즘이라고 하는 것도 너무 오해를 받고 갈등이 심해지니까 가끔 고민이 되거든요. 이게 페미니즘의 전부가 아니고 다르다는 걸 어필해야 되는데, 그 분노의 맥락을 아니까요. 약자로서 자신의 상황을 이해받지 못했던 것들이 너무 쌓여서 더 이상 설명도 못 하겠고, 좀 믿어줬으면 좋겠는데 무슨 말만 하면 "에이, 뭐 이렇게 오버해? 왜 이렇게 과장해." 이런 얘기들에 지친 사람들. 인생을 살아오면서 쌓인 억울함이 폭발하는 것에 대해서 무조건 손절하고 우리는 다른 페미니즘을 추구한다고 선을 그을 수 있나 하는 고민이 솔직히 있어요.

방금 말씀하신 그런 예시가 정말 많다고 생각해요. 저는 이런 경험이 있어요. 제가 밤길에 오는데 무서웠다고 말할 수 있잖아요. 그랬더니 상대방이 오버 좀 하지 말라고 하는 거예요. 그게 되게 장난 같지만 그렇게 말하는 순간 내가 느낀 공포가 너무 우스워지는 거죠. 근데 이런 게 한두 번이 아니에요. 또 하나는 택시를 탈 때의 차별이요. 지금처럼 카드 결제가 상용화되지 않고, 카드랑 현금이 공존했을 때였어요. 제가 택시 아저씨한테 현금이 없어서 카드 결제를 한다고 했더니 욕을 하면서 싫은 티를 내시더라고요. 카드 택시라고 쓰여 있어서 탄 건데. 근데 제가 그걸 한 번만 겪은 게 아니에요. 또 으슥한 골목이 무서워서 안쪽까지 들어가려고 택시를 탔을 때도, 골목 안에서 내려달라고 하면 굉장히 화를 내세요. 그런데 제가 남편과 택시를 탔을 땐 단 한 번도 토를 다는 걸 본 적이 없어요. 카드를 내밀었을 때도, 골목에 들어가 달라고 할 때도요. 그래서 제가 택시 탈 때 기사들이 짜증 내는 게 무섭다고 말해도 거기에 별로 공감하는 남자가 별로 없어요. 자기는 그런 적 없다고 하죠. 근데 여성들은 아마 다들 그런 경험 있을 거예요. 그 차이. 그 차이를 들었을 때 남자들에게 바란 건 인정과 공감이죠. 극심한 기아를 경험해 본 적은 없지만, 기아 문제를 봤을 때 얼마나 힘들고 괴로울까 인식할 수는 있잖아요. 그 문제를 해결하려고 함께 노력하고 공감할 수 있잖아요. "내 주변엔 그런 사람 없는데? 영화에서나 나오는 거 아니야?"라고 하는 것과 "진짜 그런 게 있구나. 되게 힘들었겠다." 하고 공감하는 건 정말 다른 거 같거든요. 그런데 솔직히 제가 이만큼 살아오면서 그런 차별을 얘기했을 때 진심으로 공감하는 남성을 만나본 것은 남편을 포함해서 정말 거의 없었어요. 그러면 열받아, 안 받아? 내가 경험하지 못했어도 그런 일이 있다고 하면 유난 떤다고 하지 말고 좀 믿어주면 좋겠다. 저는 사실 그 바람이 제일 큰 것 같아요.

요조   이런 택시 기사님들의 문제가 획기적으로 줄어든 게 바로 카카오 택시 등장 이후인 거 같아요. 왜냐하면 시스템적으로 문제 있는 기사님들은 바로 신고가 되니까. 책 속에서도 우에노 님이 사람들 인식이 안 바뀌더라도 제도만 세팅이 되면 나아질 수 있다고 말씀하셨는데, 이게 바로 그 증거가 아닐까요.

신서희 근데 저는 늘 여성이 많은 사회에 속해 있었잖아요. 그래서 그런지 제 주위 남성들은 대체로 공감 능력이 있었어요. 제가 집에 들어갈 때 한 번도 바로 문을 연 적이 없고, 일단 주위를 둘러보고 난 뒤에 문을 연다고 말한 적이 있거든요. 그러면 제 주위 남자들은 그럴 수 있겠다며 공감을 해요. 이게 여성 중심 직장이라 그런 거 같아요.

요조 저도 서희 님처럼 제가 일하는 직장의 분위기가 약간 여초다 보니까, 소속사 남자 직원들이 다 이른바 '여성성'이 충만해요. 그래서 사실 저도 개인적으로 서희 님처럼 운이 좋게도 성차별을 직접적으로 겪은 적은 없었던 것 같아요. 확실히 직장의 분위기에 따라서 아무리 남자여도 성격이 형성되는 게 있는 것 같아요.

버들 저는 마지막에 스즈미 님이 페미니스트들의 항의에는 다 찬성하지만, 한편으로는 자신의 생활과 행복도 중요하고, 회사에서 편히 지내는 것도 중요하다고 한 말에 공감했어요. 그래서 상처는 그대로 두면 낫겠거니 한다는 말이요. 이 부분에서 너무 찔렸어요. 저도 성차별을 인지했지만 회사생활 하면서 분위기라는 게 있잖아요. 제가 갑자기 찬물을 확 끼얹을 수는 없고요. 차별을 항상 느꼈지만 어쩔 수 없다고 생각하거나, 기분이 나쁘면 그냥 대답을 안 하는 방식을 취했어요. 밥 먹다 말고 갑자기 싸우고 욕할 순 없으니까, 그냥 참고 밥 먹자. 스스로를 다독이면서요. 그런 제 모습을 아니까 찔리더라고요. 그렇다고 제가 페미니즘을 더 찾아보면 찾아볼수록 나서지 못했던 제 모습이 생각나서 일부러 더 안 찾아봤거든요. 진짜 눈 감고 넘긴 거죠. 페미니즘 좋지만, 공부하면 공부할수록 내가 더 괴로워질 것 같아서요. 이런 생각으로 외면했었는데, 이 책에서 우에노 지즈코 님이 페미니즘은 모두에게 열려 있고 기준도 없다고 말하잖아요. 그걸 보면서 오히려 저는 마음이 가벼워지면서 다시 한번 페미니즘 관련 책들을 봐볼까 하는 생각이 들었어요.

심에스더　지즈코 님의 힘이네요. 이거 쉽지 않은데.

버들　저는 이분이 저명한 페미니스트라고 해서 사실 처음 읽을 때부터 마음에 안 들었어요. 게다가 스즈미 님은 AV 배우? 둘 다 안 맞아. 그래도 가서 얘기해야 되니까 열심히 한번 읽어보자고 생각하고 봤죠. 그래도 읽으면서 '내가 생각한 어려운 페미니즘이 아니구나. 이래서 저명해졌나?' 이런 생각이 들고 다른 책도 찾아봐야겠다고 마음먹게 됐어요.

심에스더　저는 오히려 평소에 페미니즘 책이 익숙한데도, 지즈코 님이 스즈미 님에게 너무 세게 얘기할 땐 '아니 아무리 옳은 얘기라도 이렇게 표현해야 되나?' 했어요. 조금 부드럽게 말해줄 수 있는 거 아니야? 이런 생각이 되게 들더라고요. 전 더 센 의견의 책도 많이 보는데도, 이분이 편지에서 너무 강경하게 나올 때면 제가 다 서운하더라고요. 그런데 이걸 보면서 다른 페미니즘 책을 찾아볼까 생각했다는 것도 이분이 가지신 힘인 것 같아요.

요조　저는 책 뒷부분에 '남자들은 어떻게 생각할까요?'라고 궁금해하는 부분에서 우리 모임의 두 분 얼굴을 떠올렸어요.

버들　저도 내가 남자라면 이 책을 읽고 무슨 생각을 했을까 고민했어요. 경험을 안 해봤으면 이해를 못 할 수도 있고, 공감이 깊게 안 될 수도 있을 것 같더라고요. 살아온 환경이 다르니까.

심에스더　그래서 읽어본다는 것 자체로도 저는 참 고마운 것 같아요. 왜냐면 가끔 어떤 연예인이 페미니즘 책을 들고 있기만 해도 읽어보지도 않고 그냥 왜곡해서 마음대로 생각하잖아요. 읽어본다면 사실 생각한 것만큼의 내용이 아닐 수도 있는데. 그런 의미에서 직접 읽어보면 좋겠다는 생각도 들어요.

요조　그러니까요. 읽는다는 것도 어떻게 생각하면 진짜 대단한 거죠. 입장 바꿔서 만약에 저에게 '남성성의 역사' 이런 거를 읽어보라고 하면 내가 남성성을 왜 알아야 돼? 남자로 살 것도 아닌데. 얼마나 귀찮겠어요. 근데 남자들 중에 페미니즘을 공부하는 남자들을 보면 그런 본능적인 거부감에 저항하며 이루어진 독서이겠다는 생각이 들더라고요. 오늘도 이렇게 좋은 말씀 많이 나눠주셔서 감사드립니다. 그러면 오늘은 이것으로 모임을 정리해 볼까요?

3장

예술과 우정:
다른 세대, 다른 관점, 같은 우정

예술이란 정말 무엇일까? 왜 그들은 대부분의 사람들은 사용하지 않는 어려운 말을 쓰면서 우리를 혼란스럽게 할까? 이 장에서는 두 명의 문학가가 나누는 지식의 향연에 가까운 대화를 읽으며, 우리는 왜 예술을 향유하는지 이야기해보고자 한다. 예술은 왜 그렇게 까다롭고, 그럼에도 불구하고 우리는 왜 계속 예술을 향유하게 되는 걸까?

《이 편지는 제주도로 가는데, 저는 못 가는군요》
장정일, 한영인 지음, 안온북스

대화에 자주 등장하는 말

핍진성

한 작품에서, 텍스트에 대해 신뢰할 만하고 개연성이 있다고 독자에게 납득시키는 정도를 나타내는 용어.

장정일

대한민국의 문인, 소설가, 수필가, 작가. 1997년 소설 《내게 거짓말을 해봐》로 필화 사건을 겪기도 했다. 마광수 교수와 함께 20세기 한국에서 가장 문제적인 작가로 항상 언급되었다.

한영인

대한민국의 문학평론가. 2014년 《자음과 모음》에 첫 평론을 발표했고, 현재 《창작과 비평》편집위원으로 활동하고 있다. 공정하고 인간다운 세상을 위해 인권, 환경, 정치적 발언을 서슴지 않는 전방위 문학평론가이다.

문화 자본주의

언어, 종교, 예술 등의 모든 문화 영역이 이익 창출의 중요한 자본이 되는 경제 체제를 말한다. 문화 생산물이나 서비스가 상업적, 경제적 고려에 의하여 하나의 상품으로 생산, 판매되는 세태를 비판한 아도르노와 호르크하

이머의 '문화 산업'이란 용어와도 연결되는 개념이다.

평론

평론(評論) 또는 비평(批評)은 사회 전 분야에 대해 평가하는 작업을 말한다. 예술 작품, 문화 현상, 상품 등 평론의 대상에는 제한이 없다. '비평'이란 말은 본래 그리스어의 '나눈다'에서 유래했으며, 예술의 감상자가 작가에 대해서 내리는 가치 평가를 말한다.

예술가들이 쓰는 어려운 말

<u>버들</u>　책이 많이 어려우셨지요.

<u>조한진</u>　저는 이 책의 저자들 어떻게 이렇게 똑똑할 수 있을까? 감탄하면서 읽었어요. 저는 이번 모임의 책들을 한 번으로는 부족한 것 같아서 두 번 읽으려고 했거든요.

<u>요조</u>　이걸 두 번 읽으셨어요?

<u>조한진</u>　이전까지는 두 번을 읽었는데 이 책은 두 번 못 읽었어요. 저는 한 번 읽어서는 내용을 잘 기억하지 못하는 편이라서요. 그래서 다시 읽을 생각으로 이해되지 않는 것도 일단 넘어가면서 읽었는데, 두 번째 읽을 때에도 정말 모르겠는 거예요. 그렇게 진도가 안 나가는 중에, 어제 톡으로 주신 내용을 보고 조금 안심했어요. 그래, 이것만 좀 이해하고 정리하자 하고 다시 봤는데, 오히려 주신 내용이 더 어려운 거예요. 문화자본주의 체제 뭐 이런 것들이었는데 책 읽었을 때보다 더 이해를 못하겠는 거예요. 그런데 요조 님이 뒤이어서 '평론가들이 원래 좀 그렇죠' 하고 농담으로 덧붙이신 말을 듣고는, 이렇게 어렵게 쓰지 않아도 되는 이야기들을 이런 식으로 어렵게 표현한 부분들이 많겠구나, 라고 생각했어요.

요조   왜 대학원 다니면 논문 쓸 때 논문체라는 게 있다잖아요. 그런 것처럼 평론가도 평론가의 화법이 있는 것 같아요. 그래서 우리 입장에서는 쉬운 말도 되게 어렵게 하는 것 같고. (웃음)

조한진   핍진성이라는 말은 저는 처음 들어봤어요.

요조   저는 핍진성을 책 읽으면서 그간 여러 번 봐왔는데 볼 때마다 또 나오네, 이러고 그냥 넘어가요.

조한진   네이버 사전을 읽어도 잘 모르겠어요.

심에스더   저도 사전 많이 봤어요. 만약에 내가 아는 사람들이었으면 개인적으로 쉬운 말로 하라고 말했을 거 같아요! 그런데 아는 사람이 아니라 꾹 참고 읽었습니다. 제가 장정일 님의 《내게 거짓말을 해봐》라는 책을 예전부터 읽고 싶었는데, 찾기가 힘들어요. 헌책방에도 없고 그래서 너무 궁금해요. 그 책 진짜 읽어보고 싶은데… 저 한영인 님은 잘 몰라요. 그래서 검색해 보니까 생각보다 많은 것들이 나오더라고요. 그리고 페이스북으로 친구 신청도 해봤어요.

한오석   두 분이 나이 차이가 좀 나지 않나요.

심에스더 많이 나죠. 한영인 님은 86년생이시고 장정일 님은 62년생이니까 24살 정도 차이 나죠. 요조 님은 한영인 님이랑 아시는 사이시죠?

요조 책방에서 북토크를 하셨어요. 아내분도 알고요. 장정일 작가님은 약간 대한민국의 문제적 작가 출신이시죠. (웃음)

심에스더 어쨌든 제목은 이렇게 감성적으로 뽑아놓고 내용은 감성적인 게 별로 없잖아요.

요조 제목에 속는 책이 의외로 많아요. 그게 얄궂기도 하고 세상의 이치(?) 같기도 합니다.

심에스더 그래도 정치에 대해서 또 많이 톺아보고 덕분에 '그래 이게 그러니까 내가 전에 들었던 게 이런 뜻이었구나' 그래 이러면서 이해하게 됐죠.

요조 예전에 이런 일이 있었어요. 〈갈다〉라는 책방 운영하시는 천문학자 이명현 님이 《지구인의 우주 공부》라는 책을 쓰셨어요. 근데 표지를 보면 약간 초등학생이 봐도 이해할 것만 같은 표지예요. 딱 만화 같은 느낌? 그런데 전혀 아니었어요. 어렵더라고요. 나중에 이명현 님을 〈갈다〉에서 만날 일이 있어서 보자마자 제가 막 따졌어요. 낡였다고. 아니 세상 쉬운 책처럼 이렇게 표지를 막 만화처럼 그려놓으시고! 그래서 쉬운 책인 줄 알았는데 읽어보니까 어렵지 않느냐고.

그랬더니 명현 님이 그게 되게 어렵다고 하셨어요. 그러니까 쉽게 쓴다는 게요. 예를 들어서 어떤 과학적 사실을 사람들이 이해를 할 수 있게 하려고 쉽게 쓰면 정확도가 너무 떨어져버리는 그런 일이 일어나기도 한대요. 그래서 어쩔 수 없이 이렇게밖에 설명하지 못하는 부분들이 있고, 그런데 또 그러면 일반인이 보기에 너무 어렵고…. 그 이야기를 듣고 나서는 어려운 글을 읽으면 제 탓만 하게 됐습니다.

<u>심에스더</u> 그래도 아주 흥미진진했어요. 그리고 진짜 제주도에서 한 달 살이 이런 걸 막 주변에서 많이 하잖아요. 그런데 또 거기 이주하신 사람들은 제주도와 사랑에 빠지는 기간이 딱 2년이래요. 2년은 정말 정신없이 사랑에 빠졌다가 3년째부터 약간 현실을 보게 된다는 이런 말을 종종 듣는데요. 어쨌든 이 책을 보면서 여러 가지 어려움은 있겠지만 그래도 진짜 살아보고 싶다 이런 생각이 자꾸 들었어요.

<u>버들</u> 제주도 내용이 많이 나올 거라고 봤거든요. 낭만적일 거라 생각했죠. 그런데 제주도 내용이 하나도 안 나와서 그것도 낡였어요.

심에스더 왜냐면 이분이 1년 만에 다시 서울에 와가지고 해수욕장이랑 수박이랑 몇 개 얘기밖에 제주도 얘긴 잘 안 해요. 저는 이 책의 주인공은 조국 님이다. 그러고 또 다른 주인공은 이석기 님이다. 조국 님이 거의 주인공이고 조연쯤이 이석기 님이다. 이렇게 2명을, 대단하다. (웃음) 원래 좀 이렇게 정치색이 너무 지나치면 완전 정치 쪽 책이 아니면 조금 애매할 수 있잖아요. 그래서 제목을 이렇게 한 게 아닐까 약간 그런 생각도 했어요.

요조 맞아요. 이 책은 제작하는 마음가짐이라고 해야 되나, 그게 좀 과감한 것 같아요. 현실 정치인의 어떤 사건 사고 같은 것도 여러 가지 이유로 뺄 수도 있었을 텐데 그런 것도 가감 없이 다 넣었던 것도 그렇고 전반적으로 어렵지만 무척 도발적이고 솔직한 느낌을 받았습니다.

심에스더 근데 왠지 하고 싶은 이야기를 마음껏 못하게 하면 책 안 낸다고 하셨을 것 같아요. 특히 장정일 님이.

요조 오석 님은 어떻게 읽으셨어요? 책에 기독교와 관련된 얘기도 좀 나오잖아요.

한오석 그냥 기독교인 입장에서 보면 사실 조금 불편한 부분들이 있기는 있었어요. 한영인 님보다는 장정일 님이 말씀하신 게 제 관점에서는 조금 많이 벗어나 있는 느낌이었고요.

요조   저는 여호와의 증인 이야기 재미있던데요. 교회에 다닐 때 여호와의 증인에 대해서 제대로 알아보려고 하지도 않고 무작정 미워했다는 걸 새삼 깨달았어요. 교회에서 무조건 이단이고 쟤네 위험한 애들이고 이상한 얘기하는 애들이야라고만 하니까 그냥 피하려고만 하고 조롱하려고만 했지. 저 집단에서는 어떤 가르침을 행하는지 뭐 그런 부분에 대해서 알아야 비판이든 제대로 피하든 했었을 텐데 그러려고 하지 않았던 게 새삼스럽게 생각이 나요. 책에서도 보면 그들은 천국도 지옥도 없다고 하고 내세를 믿지 않고 되게 현재성을 중요시하는 그런 사람들이라고 말하는데 저는 그런 종교인지 전혀 몰랐어요.

심에스더   그래서 뭔가 장정일 님이랑 너무 잘 어울려요. 예수님과 하나님도 믿고, 성경도 공부하는데, 한편으로 천국과 지옥은 없고, 이게 좀 달라요. 그래서 이단은 끝이 조금 다른 게, 이단이라고 하잖아요. 비슷하게 가다가 끝만 다른 게 이단인 거예요. 사이비랑 이단은 또 달라요. 그러니까 사이비는 JMS라든가 신은 예수님이 아니고 정명석이고 문선명이고 그들이 '내가 예수다' 이렇게 되면 사이비고 이단은 기존의 교리를 인정하는데 그

끝이 다른 게 있어, 그러면 이단이라고 하죠.

요조   나 좀 궁금하다.

심에스더   한국에 종교 연구소들 있거든요. 우리나라에 되게 유명한 이단을 연구하는 단체 중에 현대종교라는 곳이 있는데요, 궁금하시면 여기에 물어보시면 돼요. 왜냐면 그분들 진짜 전문가시거든요.

한오석   그것도 방법이겠네요. (웃음) 그런데 여호와의 증인은 조금 많이 벗어나 있어요. 그래서 기독교에서 가르치는 가르침하고는 좀 많이 다른데요. 오히려 제칠일 안식교라고 안식일을 지키는 재림교가 있는데 그쪽이 조금 더 기독교에 가깝죠.

심에스더   제칠일안식교는 다른 나라에서는 이단이 아니에요. 왜냐면 거기가 토요일에 예배드리거든요. 거기는 조금 더 구약이니까. 성경은 크게 구약과 신약으로 나누잖아요. 예수님 오기 전과 예수님 온 후, 그러니까 구약에 좀 더 전통성을 부여하고 거기에 나오는 안식일을 지키고 이래서 그렇지, 공부하고 오신 분들 얘기 들어보면 거의 이단이라고 볼 수 없다, 다르다고 얘기해요. 그러니까 저는 형식을 무시할 수는 없는 거라고 봐요. 너무 형식이 간소화되면 형식으로 가고 싶어지고 또 형식이 너무 지나치면 거기서 다시 진정성을 찾기 위해 간소화되는 것 같아요. 어쨌든 개신교는 너무 자유의지를 더 강조하다 보니까 너무 형식을 간소화하고, 반면에 가톨릭에서 사용하는 상징물이나 이런 건 또 되게 이분법적으로 우상화하는 경우들이 너무 많은 것 같아요.

특이한 우정, 문학의 향연

요조　또 되게 뜬금없이 안치환 님 노래까지 나오죠.

심에스더　저는 정말 이분들이 이렇게 의식의 흐름대로 말해도 되니까 참 부러웠다고 생각했어요. 저는 처음엔 적응이 안 돼서 분명히 맥락을 내가 놓친 게 있나 하고 다시 꼼꼼히 읽어보곤 했죠.

신서희　그런데 아무리 문학 하시는 분들이라고 해도 어쩜 이렇게 끝도 없이 작품이 막 생각날까요? 이거 얘기하면 책에서 읽었던 이 문구가 생각나고 저거 얘기하면 저 책에서 읽었던 저 문구가 생각나고 하는 게 신기하기까지 했어요.

심에스더　저는 "시집을 들고 목욕탕에 가서 읽는다."는 구절을 딱 보자마자 '이분은 진짜 책읽기를 일상처럼 하는 분이구나, 책이 일상에서 되게 크게 작용하시는구나'

하는 생각을 했어요.

신서희 책을 읽으면서 '내가 제대로 읽은 책이 하나도 없나?' 하는 반성 아닌 반성을 하게 되더라고요.

요조 저는 또 이 책을 읽으면서 대단하다고 여겨지는 게 좀 선입견이 없는 것 같아요. 예를 들면 책 속에서 안치환 님이 만든 〈마이클잭슨을 닮은 여인〉이라는 노래에 대한 언급이 있잖아요. 저는 어느 정치적 입장이어서가 아니라 그 노래를 듣는 순간 직관적인 거부감 같은 게 있었어요. 정치색과 무관하게요. 그것도 어떻게 보면 저의 선입견이 작용한 것 같거든요. 근데 이 두 사람 얘기를 보면 그런 노래 만든 게 왜 잘못이냐라고 옹호하잖아요. 물론 그 편지의 답신에서는 '그치만 너무 구리지 않냐'라는 얘기도 나오지만 어쨌거나 그 노래를 옹호할 수 있다는 것 자체가 저는 좀 놀라웠고 뭔가 장정일이라서 가능했다는 느낌을 받았어요. 사고가 어떤 굴레에 얽매여 있지 않더라고요. 남들이 다 옳다고 생각한다고 해서 내가 옳다고 얘기할 필요는 없다는 어떤 그 줏대가 굉장히 강하게 있으신 분 같아요. 저도 어쨌든 예술을 하고 있는 직종을 갖고 있다 보니까 나도 약간 이런 태도를 조금은 지녀야 되지 않나 싶은 약간의 자기반성도 하게 되더라고요. (웃음) 저는 너무 커먼센스에 매몰되어 있어서 그냥 피시하려고만 하고….

심에스더 근데 저는 이것도 옳고 그름은 아닌데 약간 좀 비틀어서 생각하면 남성이니까 좀 더 가능하다, 약간 이런 생각이 좀 들긴 해요. 여성들은 이 세상 구조 속에서는 상식적으로 더 노력해서 얘기하지 않으면 들어주지 않기 때문에, 조금만 잘못 얘기하면 감정적이다 나댄다 광광 댄다 이렇게 얘기하니까, 그래서 더 논리를 갖으려고 하는 거잖아요. 그래서 한편으로는 그런 부분이 저는 부럽고 좋겠다, 약간 그런 생각도 들었어요.

요조 서희 님은 그간 저희가 읽었던 책들을 너무 좋게 보셨다고 하셨는데 이번 책은 어떻게 보셨는지요.

신서희 사실 너무 어려웠어요. 한두 페이지 보면 졸리고 또 정신차리고 보면 얼마 안 가 또 졸리고. 그래도 군데 군데 여기 표현 너무 좋다, 이런 사람도 있구나, 이런 부분들이 있었어요. 이게 어떤 한 주제로 관통하는 그런 게 없었기 때문에 오히려 그런 표현들이 '이 사람은 이거 이거 진짜 문학가만 할 수 있는 표현을 하는구나' 하고 감탄했죠.

요조 그런 표현 혹시 기억나시는 거 있으세요?

신서희 '수박이 좋아 죽겠다' 이런 표현이요. 책 앞부분에도 '글쟁이들은 자기가 본 거 들은 거 읽은 거를 언젠

가는 써먹는다'고 하잖아요.

<u>한오석</u> 맞아요. 제가 최근에 본 애니메이션 중에 〈엘리
멘탈〉이라고 있는데요. 거기에 각각 물, 불, 흙, 공기 이
렇게 4개 원소의 주인공들이 엘리멘탈 도시에서 살아가
는 이야기가 나오고 불같은 성격의 여자와 소심한 물의
남자가 사랑을 하는 이야기가 나오는데요. 영화 내용 중
에 그 둘이 나눴던 대화가 있어요. 불이 너무 화를 잘 내
니까 아버지 가게에서 일을 하면서 손님들한테 막 화를
내게 되는 거에요. 손님이 조금만 힘들게 하면 불같이
화를 내는 거죠. 그래서 고민을 하던 불이 응원단을 잘
리드하는 물에게 물어봐요. "너는 어떻게 사람들의 마음
을 그렇게 끌어들일 수 있어?" 하고 물어보자 물이 이렇
게 대답해요. "나는 그냥 있는 그대로 솔직하게 말할 뿐
이야. 화를 내는 게 나쁜 게 아니고 화를 내는 거는 내
마음속에 있는 내 마음의 소리를 들을 준비가 안 되서
그런 거야."라고 이야기 합니다. 힘들어하는 불에게 솔
직해지돼, 먼저 '너의 목소리를 찾으라'고 조언해준 것인
데요, 저는 이 영화 속 물의 조언이 한영인 님과 장정일
님이 투표권에 대해 나눈 대화와 비슷한 것 같아요. 장
정일 선생님은 '투표를 안 함으로써 자신의 주체적인 주
권을 실현한다.'고 하시고, 한영인 선생님은 '그래도 투
표를 함으로써 사람을 바꾸고, 법을 바꾸고, 정치를 바
꿔갈 수 있다.'고 이야기 하시는데요. 이렇게 입장이 다

르자 한영인 선생님은 인정하는 것을 넘어서 서로 속안으로 들어가서 대화를 나눠보는 과정으로 생각을 부대껴보는 과정이 필요하다고 이야기합니다.

버들   정말 필요하다.

한오석   '필요하다'라고 얘기를 하고, 결국 차이란 '동일성의 반복에 불과하다'라는 표현을 쓰시기도 하고요. 〈엘리멘탈〉에서 물이 관계에 어려움을 겪는 불에게 있는 그대로 '솔직'해야 하고, 자신의 '마음의 소리'를 찾아야 한다고 이야기한 것처럼 결국 서로를 '인정'하되, '서로의 소리'를 들으려고 부대껴야 하는 것 같아요. 그리고 이러한 과정을 통해 성숙한 관계를 맺을 수 있는 것 같고요.

심에스더   저는 얘기 들으면서 와닿는 것이 진짜 있는데 한편으로 무슨 생각이 들었냐면 이 사람하고 친구하면 되게 피곤하겠다. (웃음) 그러니까 저는 그래 넌 그렇게 생각하는구나, 난 이렇게 생각할게, 하고 평행선으로 가는 편인데요. 그런데 때로는 정말 내가 애정도 있고 관심도 있으면 더 설득도 하려고 하고 피곤함도 감수하면서 관계를 이어가려고 하거든요. 그 관계에 더 깊이 들어갈 때는 언제나 평행선이기만 하진 않잖아요. 근데 만약에 내가 한영인 님이랑 친구인데 내가 투표 안 하겠다고 할 때 계속 나한테 종용하면 과연 내가 존중받는다는 느낌을 받을 수 있을까 하는 생각이 들었어요. 그리고 그런 생각을 하면서 우리는 그 존중이라는 이름으로 어디까지 다가가서 마음에 가닿는 걸 허용할 수 있을까 하는 생각을 좀 한참 했어요. 그래서 한영인 님처럼 이러면 피곤할 것 같다는 생각이 들면서도, 나 역시도 적극적 설득을 지향하기로 하는데 혹은 그렇게 살고 있는데 어떻게 이 거리 조절을 해가면서 지치지 않고 계속 가닿으면서 살아갈 수 있을까, 그런 고민을 좀 해봤어요.

요조   이 두 사람도 서로 너무 다른 사람들이어서 서로 계속 반대 의견을 내는 경우가 많으면서도 어쨌든 이 관계를 계속 유지하고 있는 튼튼함이 보기 좋지요. 두 사람이 편지 교환 없이 그냥 술친구였던 시절에도 웬지 서로가 '저는 그렇게 생각하지 않아요' 이러면서 엄청 반론을 주고받았을 것 같거든요. 그런데 진짜 에스더 님 말씀하신 것처럼 나랑 다른 사람하고 그다지 이렇게 관계 맺으려고 하지 않는 태도, 에너지 낭비, 시간 낭비라고 여기는 태도가 지금은 너무 디폴트 값이 된 것 같아요. SNS 때문에 더 그런 것 같죠. 저는 얼마 전 SNS에서 본인이 재밌게 본 어떤 영화를 안 좋게 얘기했다는 이유로 친구 삭제를 한 경우를 본 적이 있어요. 물론 친구 사이를 끊고 말고 하는 건 개인의 자유이지만 나랑 다른 의견을 참지 못하는 사람이 예전보다 더 많아지는 것 같고

더 못 견뎌하는 것 같아요.

심에스더　장정일 님의 그 부분은 진짜 좀 와닿았는데요. 음주운전 사건 얘기하면서 되게 분노하잖아요. (웃음) 그 부분을 보면서 제가 최근에 읽은 또 다른 책이 생각났어요. 그것도 어쩔 수 없이 읽었던 책이었는데, 그것도《유튜브는 책을 집어삼킬 것인가》와 같이 약간 리터러시에 대한 이야기였어요. 거기서도 그런 얘기가 나왔었는데 장정일 님처럼, 내가 옳다고 생각하는게 이만큼 있다면, 나와 반대의 의견도 그만큼 있다! 그러면서 사실 그것이 공존하는 게 당연한 건데, 누가 이기나 너무 저울질하고 내가 승리하면 세상 다 가진 것처럼 굴고 재가 승리하면 완전 세상 끝난 것처럼 너무 그러지 말자, 그러더라고요. 제가 동의가 되는게 예를 들면 인권을 위해서 어떤 사람은 계급을 말할 수 있고 어떤 사람은 저처럼 성평등을 말할 수 있고 어떤 사람은 장애인을 말할 수 있고, 어떤 사람은 노동권을 말할 수 있는 등등 하면서 각자 자기가 할 수 있는 영역에서 소리를 내잖아요. 동시에 인권을 말하는 사람이 왜 장애인 말 안 해, 인권 말하는 사람이 왜 성평등 말 안 해, 하면서 또 죽어라 싸우기도 하잖아요? 비슷한 맥락으로 장정일 님은 조국 님 사례를 예로 들면서 '나는 지금 너희들이 그 조국 님 사태에 쏟는 그 에너지를 조금만 다른 데도 돌려서 예를 들어 음주운전에 대한 문제에 쏟으면 되게 많이 달라질 거다. 지금 내 통계까지 찾아보니 음주운전으로 죽는 사람이 얼마나 많은지 아냐? 내 지인이 이렇게 해서 죽었다' 이런 얘기 하는 걸 보면서 깨닫게 되더라고요. 저도 타인과 페미니즘이나 성평등 얘기를 하게 될 때 상대가 이 주제보다 다른 주제를 더 중요하게 여기는 것 같으면, '아니, 그게 더 중요하다고? 말도 안돼!' 이렇게 생각할 때 있거든요. (웃음) 그런데 누구나 지금 여기서 각자 자신이 붙드는 이야기에 집중하고 중요하게 여기는 게 당연할 수 있겠다는 생각이 더 입체적으로 들었어요.

신서희 일단 두 명이 너무 생각이 다른데, 끝까지 본인들의 생각을 굽히지 않으면서도 호의적인 상황에서 쭉 갈 수 있다는 게 되게 놀라웠어요. '둘 다 생각이 너무 확고한데도 그것에 대해서 그 누구도 기분 상해하지 않고 쭉 갈 수 있는 비결이 뭘까?'라는 궁금증이 일었고, 맨 처음에 중림서재에서 올려주신 저희 질문지에 '대화란 무엇인가?'라는 주제와도 되게 잘 연결되는 것 같아요. 저는 처음 그 질문을 봤을 때는 단순하게 '대화'란 상대방의 마음을 궁금해 하는 것이라고만 생각하고 있었는데 이들은 생각도 너무 다르고 정작 마음은 별로 안 궁금해하는 것 같아요.

심에스더 맞아요.

신서희 서로 너무 다르면서도 끝까지 굽히지 않잖아요. "너의 의견도 일리가 있어."라거나, "맞아. 지난번 책은 그래도 너의 의견도 일리가 있어. 그럴 수 있지. 근데 니들은 어떻게 생각해?" 뭐 그런 것도 일체 없고 그냥 내 생각만 계속 얘기하고 있는데도 대화가 계속되고 그 누구도 마음 상하거나 다치지 않고. 그런 대화가 인상적이고 신기했어요.

심에스더 이런 대화가 가능하면 좋겠다는 생각은 했어요. 우린 벌써 왜 마음 상해가지고 내 얘기 이만큼 못하잖아. 그렇죠. 내가 다른 의견 얘기하면 벌써 다른 사람이 "아니." 이러면서 얘기하면 나는 또 말 못하죠. 그래서 나도 그런 사람이 되고 싶고 상대와도 그런 사람이랑 대화해보고 싶다는 생각이 들었어요.

신서희 나이 차이도 꽤 나는데 되게 동등한 느낌이 든 거죠.

조한진 처음부터 얘기가 이 책을 전제로 만난 건 아니었잖아요. 맞아요. 그냥 자연스럽게 만남이 되다가.

심에스더 아니 근데 저는 그것도 되게 웃겼어요. 한영인 님이 장정일 님하고 처음 만나는 순간이요. 처음 만난 자리에서 자기가 석사 때 쓴 논문이 장정일 문학이었다는 얘기를 하는 장면.

신서희　맞아. 심지어 그 논문 주제가 '장정일 소설의 문제점'이었다잖아요. (웃음)

심에스더　그거를 툭 던지는데, 장정일 님의 반응이 더 웃겨. 자기는 이제 아무 것도 안 읽는다고. 제가 봤을때는 치기 어린 어떤 청년이 말하는 느낌이었어요. 그래서 어떤 면에서는 꽤 무례하게 느껴지고요.

조한진　뭐 그 자체로 무례일 수도 있겠네.

심에스더　네. 저는 그런 생각이 들었어요. 누가 묻지도 않았는데. (웃음) 첫날 장정일 님도 진짜 대단한 것 같고. 또 장정일 님을 비빌 언덕으로 느껴서 한영인 님도 그랬을 수 있지 않을까? 약간 그런 생각. 만약 처음에 장정일 님이 '저 ×× 뭐야' (웃음) 이러면서 안 만나면 그만인데, '맞아. 그럴 수 있죠' 그렇기 때문에 그 뒤로도 술이랑 오디오랑 즐기면서 이렇게 계속 만날 수 있지 않았을까… 그런 생각이 들었어요. 아무튼 참 재있어.

한오석　진짜 저는 이런 대화 방식이 더 재있었던 것 같아요. 저희가 계속 1대 1로 대화하는 책들을 읽어왔잖아요. 그중에 제일 좀 지적인 대화라고 해야 될까요? 하여

튼 정보 교류를 하는 방식이 좋았어요.

<u>심에스더</u> 이 책을 읽으면서 저는 장정일 님이 대단하다고 느꼈던 게, 한영인 님이 추천하는 책을 더 많이 읽는 거 같더라고요.

위선을 말하는 예술, 위악을 말하는 예술

<u>요조</u>   저는 에스더 님 이야기 들으면서 자연스럽게 그 이야기로 이어가면 되게 좋겠다는 생각이 들었어요. 왜 이 책 속에 좀 인상 깊었던 대화 중의 하나가 위선과 위악에 대한 얘기였잖아요. 근데 저는 그 챕터를 읽으면서 예술도 되게 위선적인 예술이 있고 좀 위악적인 예술이 있지 않나. 그리고 우리가 첫 시간에 읽었던 《유튜브는 책을 집어삼킬 것인가》가 그 위선적인 책의 굉장히 대표적인 사례가 아닌가 하는 생각이 들었어요.

<u>심에스더</u>   맞아요.

<u>요조</u>   저는 리터러시란 단어를 이렇게 크게 사용할 줄은 전혀 예상도 못한 채로 책을 읽었는데 정말 버들 님이 종교적으로 받아들였다는 게 전혀 무리가 아닐 정도였어요. 이거는 그냥 단순히 유튜브냐 문학이냐가 아니라 진짜 어떤 삶을 살아가는 태도 자체를 말하는 책이었

잖아요. 그래서 위선적인 책이었다는 생각이 들고. 그리고 반대로 위악적인 책, 이 책이 약간 위악에 가까운 책이 아니었나 싶어요. 일단 한영인 님은 완전 위악의 편을 들어주시지요. 그래서 더 그런 느낌이 드는 건지는 모르겠지만 어쨌든 좀 위악적인 영역에 있는 책인 것 같다라는 생각이 들었고요. 다자이 오사무의《인간 실격》이라는 책을 보면 오바 요조하고 그의 단짝 친구라고 할 수 있는 호리키라는 친구하고 어떤 게임을 하거든요. 무슨 게임이냐면 한 단어를 가지고 이게 희극명사인지 비극명사인지를 논하는 게임이에요. 예를 들면 여기 앞에 휘낭시에가 있는데 이건 희극명사일까요, 비극명사일까요?

심에스더 비극명사…? 살 찌니까….

요조 그 대화 파트가 무척 흥미로웠어요. 그래서 이 책을 읽으면서 뭔가 위악적인 책, 위선적인 책 이렇게 그냥 생각해보는 그 사고 실험 자체가 저는 조금 재미있더라고요. 그리고 영화도 좀 그렇게 나눠볼 수 있지 않을까요? 위악적인 영화로 저는 생각해 본 게 박찬욱 영화나 홍상수 영화가 있을 것 같아요. 위악의 결은 다른데 어쨌든 보고 있으면 인간은 되게 구리고 인간은 되게 나쁘다, 약간 이런 생각이 드는. 그리고 위선적인 영화는?〈찬실이는 복도 많지〉같은 거. 혼자 그냥 이렇게 생각을 해봤어요. 그러면서 자연스럽게 과연 나는 어떤 방향성을 지니고 있는 사람일까라는 생각을 해봤는데 그런 얘기도 나눠보면 좋을 것 같아요. 여기서 한영인 님은 나는 완전 위악편이라고 하셨는데요. 여러분은 어떠세요? 에스더 님은? 위선의 편에 서 계신 분 같아요.

<u>심에스더</u> 제가 여기서 위악 좀 떨어보려고 했는데 실패했네요. (웃음) 근데 저는 그런 생각도 해요. 위악은 정말 순수한 사람이 할 수 있는 것 같다는 생각이요. 그래야 그게 확 와닿는다는 생각이 들 때가 종종 있거든요. 그런 생각이 들면서 우리가 봤던 《페미니즘, 한계에서 시작하다》에서 스즈미 님이 조금 어쩌면 위악적이다라고 느껴지기도 하거든요.

<u>요조</u> 네네네.

<u>심에스더</u> 그만큼 그분이 순수해 보이기도 했어요. 진짜요. 근데 저는 그러지는 못하는 것 같아요. 위악적이기에는 다른 사람의 평가 그리고 다른 사람의 시선에도 자유롭지 못한 부분이 있다고 생각해요. 저는 위악은 타인의 비판을 견뎌야 된다고 생각해요. 견딜 때도 막 힘들게 견딘다기보다 눈에 뵈는 거 없이. (웃음) 순수하게 추구할 때 위악이 가능하지 않을까… 저는 일단 제가 옳거나 맞다고 여기는 방향대로 '행동'을 일단 하고, 마음을

거기에 맞추는 편이라, 위선에 가까운 사람이고, 심지어 추구하는 사람인듯 해요. 그러다 보니 아이러니하게 위악적인 작품을 보면 또 그렇게 재밌어요. 카타르시스도 있고. 여튼 위악은 남의 시선이나 판단을 신경 쓰지 않고 하는 순수한 행위 같아요!

조한진   그런 작품이나 뭐 그런 것들이 위악일 수 있는데 개인이 위악일 수가 있다는 게 저는 이해가 잘 안 되거든요. 개인 차원에서 위악일 수가 있는 게 뭘까요?

요조   이를테면 책에서 장정일 님이 쓰레기를 일부러 땅에 버린다고 하시잖아요. 쓰레기통에 버릴 수 있는데 일부러 거리에 버리는 그런 행동? 그리고 장정일 님께서 투표 안 하는 것도 어떻게 보면 위악적인 행동이라고 할 수 있을 거 같고요. 뭐 또 위악적인 태도가 뭐가 있을까요. 이를테면 이 사람이 듣고 싶어 하는 말이 뭔지 알면.

심에스더   알기 때문에 말 안 해 주는 것?

요조   네, 그것도 저는 위악같고.

조한진   그런 정도는 밀당 아닐까요? 그런 밀당같은 거 말고, 진짜 위악이라고 할 수 있을 것들이 있을까요?

184

요조   그리고 뭐 이 사람이 들으면 반드시 상처받는 말인 줄 알면서도 하는 거.

심에스더   마음 아픈 데도 굳이 상처주는 거죠. (웃음)

요조   그리고 보통 같은 말을 해도 좀 기분 나쁘게 하는 경우가 있잖아요. 예를 들면 누가 울고 있다 그러면 같은 마음인데 어떤 사람은 속상한 일이 있었구나, 이렇게 얘기하는 사람이 있는 반면 어떤 사람은 그게 울 일이야, 라고 말하죠. 그것도 위악이라고 할 수 있지 않을까 싶은거죠.

심에스더   그러네. 위악이 참 다양하게 쓰이네요.

신서희   위선은 목적성에 따라 좀 다를 것 같아요. 저는 위선적인 사람을 싫어하지만 에스더 님이 말씀하신 선한 위선은 좋고 목적성을 가진 위선은 싫거든요. 예를 들어 진상인 상사 앞에서 활짝 웃으면서 "부장님, 너무 멋있어요." 이렇게 말하는 사람이 있으면 저는 아무 얘기도 안 하고 그냥 입을 닫아버려요. 옆에서 슬쩍 한마디 얹으면 묻어갈 수 있는데, 저는 그러고 싶지도 않더라구요. 반면에 그냥 아무 얘기나 막 직설적으로 하는 사람 중에서는 뭔가 약간 안쓰러움이 느껴지는 경우도 있어요. 그 사람 내면에 불안함과 염려 이런 게 숨어 있는 것 같아서 마음이 짠해져요. 그러니까 선한 위선이 아닐 바에는 차라리 위악이 나을 것 같아요. 저더러 위선이 좋으냐 위악이 좋으냐 묻는다면 목적에 따라서 차라리 위악이 나을 때가 있다는 생각이 들어요.

요조 그러네요. 진짜로.

심에스더 생각해보니까 위악은 진짜 사람들한테 미움받고 얻는 게 별로 없네요?

신서희 위악은 일부러 나쁜 척하는 거니까 알 수가 없잖아요. 그 안에는 약함이 숨어 있을 수도 있지요. 사실은 좋은 목적의 위선도 있긴 하죠. 공직사회의 위선 같은 건 경우에 따라서는 나쁘다고 할 수만은 없을 것도 같아요.

요조 어떤 목적의 행동이냐에 따라서 위선과 위악이 굉장히 또 다르게 받아들여질 수 있겠네요.

한오석 저는 위선이 우리 사회에 꼭 필요하다고 생각하는 편이거든요. 그래서 우리 사회에 위선이 없는 것은 끔찍하다고 생각하기도 하는데.

신서희 책에서는 위선마저 사라진 세상은 '야만'이라고 표현했던 것 같아요.

요조   맞아. 맞아. 맞아.

한오석   왜냐하면 우리가 관계 안에서 행복할 때는 서로의 거리를 인정해 줄 때 행복하다고 저는 생각을 하거든요. 그래서 상대방이 원하는 만큼 다가가야지 그 사람도 받아들일 수 있는 것이고 내가 원하는 만큼 다가가면 밀어내기 마련이거든요.

　그런데 그게 위선을 통해서 조절이 될 수 있다고 생각을 해요. 내가 좀 가식적으로 보일 수 있지만 자랑도 조금 하고 위선을 통해서 배려도 하고 그런 과정을 통해서 올바른 관계를 이루어 간다고 생각을 하기 때문에 어떻게 보면 위악은 조금 부정적으로 표현하면 사회성이 부족한 것이다라고도 볼 수 있죠.

조한진   좀전에는 과연 개인이 위악적일 수 있을까? 라는 의문이 들어서 질문해 보았어요. 그런데 여러 이야기를 듣고 보니 그렇게 작은 것들도 위악이 될 수 있겠구나, 라는 생각은 들었어요. 그리고 위선은 어느곳에나 있을 수 있는 거 같아요. 어떻게 보면 처음 만난 낯선 사람과 만나는 과정에서도 어느 정도는 위선이 있다고 생각해요. 그냥 기분 좋게 인사하는 자체부터 위선이 포함되어 있다고 봐요. 그래서, 그러한 위선이 없는 세상을 야만이라고 표현했던 것도 맞는 얘기인 것 같고. 그런데 예술이라는 영역을 생각해보면, 재밌는 건 위악인 것 같아요. 책이든 다른 작품이든 위악적인 게 훨씬 재밌을 것 같다는 생각이 들어요.

신서희 진짜 오석 님 말씀처럼 그런 순기능적인 위선은 꼭 필요하긴 한 것 같아요. 그게 어떤 목적이냐에 따라 다른 거니까.

심에스더 맞아요. 저도 진짜 솔직한 의견 말고 제가 듣고 싶은 말을 듣고 싶을 때가 있거든요. 예를 들어 '어때? 예뻐?'라고 물어볼 때, 사실과 상관없이 무조건 예쁘다는 말을 듣고 싶거든요. (웃음)

버들 저는 위악적인 것 같아요. 근데 아까 말씀주신 공직사회에서는 오히려 위악이라 하셨는데 저는 오히려 그렇게 바꾸라고 하면 위선을 할 수 있어요. 왜냐면 나랑 평생 볼 사람 아니니까 뭐 입에 발린 소리 한 번 해줄 수 있지 어차피 안 볼 건대. 약간 이런 게 있거든요. 근데 뭔가 마음을 준 사람한테는 내 마음이 진심인데 내가 입에 발린 소리를 왜 해야 되지? 약간 이런 생각이 있어서 기분 나쁜 소리는 안 하려고 하긴 하지만 진짜 안 울 일인데 울고 있으면 왜 질질 짜 이런 말을 저도 많이 하거든요. 왜 울어, 지금 헤어질 것도 아닌데.

조한진 위악보다는 약간 직설적인.

요조   위선과 위악도 굉장히 유동적이네요. 어느 상황 속에 있느냐에 따라 너무 달라지고. 저도 사실은 되게 위선이 중요하다고 생각하는 편이었거든요. 다른 걸 떠나서 그냥 에너지적으로 위선이 에너지가 더 많이 드는 것 같다는 생각이 들어서요. 위선이라는 거는 내 기분과 내 마음이 어떻든지 간에 웃어주는 거고 좋게 말해주는 거고 맞춰주는 거잖아요.

심에스더   그래서 저는 건강한 마음을 유지하기 위해서는 진짜 적절한 위악도 있어야 된다고 생각해요. 위악의 순기능이 있어요.

요조   그런 에너지적인 차원에서 보면 확실히 그런 느낌이 있더라고요. 위악을 떨 때는 좀 카타르시스가 있는 것 같아요.

심에스더   맞아 카타르시스도 있죠.

요조   재미도 있고 좀 자기 속이 시원한 게 있는데 위선을 떨 때는 좀 갑갑하기도 하고 고통스럽기도 하고. 그리고 하고 싶지 않은데 하고 있는 어떤 이 답답함. 저는 그렇더라고요. 그렇다 보니까 위선적인 사람들을 보면 위선이 가진 가증스러움이라는 것도 있지만 그럼에도 불구하고 위악보다는 더 큰 에너지를 쓰는 사람이라는 자각에서 오는 존경심이랄지 그런 마음이 좀 들더라고요. 그런데 에스더 님 말씀처럼 위악의 순기능도 당연히 있고 위악의 효용도 있고 한데 어쨌든 그 위악이 위선 안에 있을 때 되게 좋아 보이는 것 같아요. 맞아. 사이즈 면으로 볼 때 뭔가 위선이 좀 더 크고 그 안에 위악이 존재해야 할 거 같아요.

심에스더   그러네요. 맞아. 위악은 잘못 부리면 진짜 상처를 주는 거죠.

버들   그런데 역으로 생각하면 저는 위선이 에너지가 안 들고요. 오히려 위악이 에너지가 들어요. 이건 제가 진짜 악하지 않아서 그런 것 같긴 한데 저도 마음속에 위선이 있어서 그런 것 같아요. 그래서 제가 어느 정도까지 표현을 해야 될지 고민이 되죠. 제가 위악적으로 막 나쁜 말을 내뱉으면 상대방이 나를 미워해서 뭐라고 할 수도 있고, 저도 나를 나쁜 사람 취급하면 어쩌나 하고 걱정도 되지요. 그러니까 저도 막 생각 없이 왜 질질 짜 이렇게 내뱉는 게 아니라 나도 그렇게 말하고 나서 위로를 해주든지 해야 하는 거죠. 그런데 위선은 진짜 맘먹으면 진짜 좋은 말 다 할 수 있거든요. 왜냐면 저는 약간 싫어하는 사람을 대할 때 그 사람을 '저 사람은 이제 사람이 아니라 곤충이다' 이렇게 생각을 해요. 그러면서 인간적인 취급을 안 하고 저 사람은 진짜 이상한

190

소라고 인식을 하는 거죠.

요조   뭔지 알겠다. 맞아.

심에스더   평가가 두려우니까 위선 떨 때도 있거든요. 그런 면에서 위선은 안전한데, 위악은 평가에 취약하니까 순수한 사람이 위악을 떤다고 생각하는 거 같아요.

요조   그렇다. 가만히 생각해보니까 이 말도 너무 맞는 말이에요.

심에스더   그런데 성향에 따라가는, 예를 들면 MBTI 성향에 따라서 위선이 에너지가 덜 드는 사람이 있고 위악에 에너지가 덜 드는 사람이 있을 것 같아요.

요조   저는 제 스스로 되게 위악쪽이 커서 그거에 대한 밸런스를 위해서 위선적으로 굴 때가 많은 것 같기도 해요. 우리 주변에 꼭 그런 사람들 있죠. 툭하면 '우리 다 망할 거야'라고 하는 사람들.

심에스더   맞아. 맞아.

버들   초 치는 사람들.

요조   저는 그 사람들의 마음 속에서 그 반대되는 감정을 봐요. 망하지 않았으면 좋겠는, 너무 잘 됐으면 좋겠는 마음요. 그리고 반대로 얘기할 때마다 잘 될 거야, 이번에 꼭 성공할 거야, 이런 말을 입에 달고 사는 사람에게서는.

심에스더   그의 불안이요?

요조   네, 그런 사람을 보면 오히려 반대 급부의 마음을 가지고 있는 것 같다는 생각이 들어요.

신서희   근데 위선적인 사람이 가득 있는 곳에 가면 그 위선적임이 너무 숨 막혀서 못 견디겠어요.

요조   하하 맞아요! 그래서 제가 종교 모임 싫어하나 봐요.

심에스더   그런데 요새 종교 모임이 그렇지가 않아요. '세상이 왜 이럴까? 인생 폭망이야, 하나님이 어디 있다는 거야? 하나님이 있는데 왜 이런 일이 생기는 거야?' 막 이렇게 얘기하거든요. 그리고 경우마다 조금씩 다른게, 내가 어디서는 되게 긍정적인 사람인데 어느 모임에서는 되게 부정적인 역할이 되기도 해요. 어느 모임에 내가 되게 긍정적인 사람이 되고. 어디에 있느냐에 따라서 누가 막 심하게 '안 될 거야' 그러면 저는 '잘 될 거야' 하고 얘기하고, 또 누가 무턱대고 '다 잘 될 거야' 하면 '그렇지 않을 수도 있지' 하기도 해요. (웃음)

요조　어디에 있느냐에 따라서 또 이렇게 움직이는 거구나.

우리는 왜 예술을 향유할까?

요조　여기서 보면 이 두 사람이 주고받은 서간문 속에서의 예술 작품 수가 어마어마하잖아요. 이 사람들이 이거 다 기억하고 있을까 이런 생각이 들어요. 하다못해 저희도 이제 꼴랑 3권을 다뤘지만 벌써 첫 번째 다룬 책이 가물가물하지 않으신가요?

버들　도서관 갔는데 저 책을 내가 읽었는 기억도 안 나고 전 진짜 그럼 막 블로그에 읽은 걸 다 적어놓으니까 제 블로그에서 제가 검색을 해봐요. 그럴 정도로 그냥 까먹긴 하는 것 같아요.

요조　맞아요. 우리는 왜 이렇게 다 까먹을 거면서도 이렇게 읽는 걸까? 이유가 뭘까?

심에스더　책이 거기 있어서? 근데 우리는 어렸을 때 TV

는 바보 상자고 책은 지혜의 보물상자라는 식의 교육을 받았잖아요.

요조   그러니까.

심에스더   그렇게 배운 것도 진짜 한몫을 하는 거 같아요. 어쨌든 정답은 모르겠는데 책이라는 것은 뭔가 읽었을 때 우리를 더 성장시키는, 어쨌든 긍정적인 효과가 되게 많은 걸로 인식이 되어 있는 것 같아요. 솔직히 말해서 그 인식에서 자유롭지 못한 부분도 좀 있는 것 같고요. 근데 우리 그런 말도 하잖아요. '한 편의 영화가 100권의 책보다 낫다!' 전 거기에 동의하기도 해요.

그런데도 불구하고 책을 읽는 행위가 가지고 있는 뿌리 깊은 순기능의 신화에 깊이 젖어 있고 내면화된 부분이 큰 것 같아요. 그런데 저는 어렸을 때 볼 게 그렇게 많지 않아서 어쩔 수 없이 책을 많이 봤는데 그때 그 경험은 되게 그리운 것 같아요. 책을 잘 들춰보지 못하는 지금 이 순간에도 그 그리움 때문에 책을 읽지 않는 것에 죄책감(?)을 갖게 됐어요. 그래서 계속 책을 사는 소장행위를 통해서 죄책감을 좀 해소하고 싶은 가봐요. (웃음)

저는 책을 보면 한계 없이 상상할 수 있다는 점이 좋아요. 제가 처음 본 에세이가 하루키가 쓴 에세이였어요. 하루키의 에세이를 보면서 나랑 다른 삶을 사는 사람들의 이야기가 너무 재밌는 거예요. 내가 살아보지 않

194

은 삶을 간접으로 경험하면서 그 다채로운 즐거움에 흠뻑 빠졌던 것 같아요. 내가 직접 경험해보지 못했던 것들을 경험하게 해주는 부분 때문에 책을 보는 게 아닐까? 내용은 다 기억하지 못해도 그 느낌이 남아 있어서 전 책을 읽는 거 같아요.

신서희 책을 왜 읽냐? 재밌어서. 그게 다인 것 같아요. 그러니까 저는 재미를 무척 추구하는 독자인 거죠. 10대부터 대학교 때까지는 오로지 소설만 읽었어요. 작가 한 사람씩 독파했죠. 정신없이 빠져서 읽는 자체가 너무 재밌었어요. 그러다가 요즘엔 에세이만 읽어요. 에세이는 뇌의 다른 쪽을 쓰는 느낌이랄까요. 예를 들어 요조 님 책을 좋아했었던 것도 '이렇게 사소한 순간을 포착하다니. 이걸 이렇게 표현할 수도 있는 거구나' 그런 게 너무 재밌고 신기했어요. 제가 글을 잘 쓰고 싶은 마음이 있으니까 글을 맛있게 표현한 책들이 좋더라구요. '이 표현 너무 좋다' 그러면서 줄 쳐놓고 메모해 놓고. '이런 표현, 나도 책 쓸 때 써먹어야지. 이걸 이렇게 응용해서 써야지' 이런 생각도 해요. 좋아하는 에세이 작가님들은 책을 내기만 하면 무조건 사게 되는 거 같아요.

버들 전 최근에 제가 책을 읽는 순간을 알아냈는데 평소에 이렇게 있다가 보면 갑자기 막 제가 약간 심통한 것 같고 기분이 나쁜 것 같고 이럴 때가 있거든요. 그러면 갑자기 막 읽게 되더라고요. 일상적으로 내가 책을 안 읽어서 그래 하고 책을 읽잖아요. 그러면 방금 말씀 주신 것처럼 뇌에 다른 부분을 쓰니까 그 약간 나의 못된 심보가 발동하죠. 나의 뭔가 나쁜 것 같은 그런 마인드가 좀 사라지면서 책을 읽는 동안에 정화가 되죠. 10분 20분 동안 잠깐 화가 누그러져요. 그래서 일부러 회사 가기 전에 아침 일찍 일어나서 빨리 정화를 시키고 가야겠어. 정화를 시키고 진짜 근데 좀 약간 뇌에 다른 부분을 쓰니까 그 부분이 더 활성화되고 내가 집착했던 그런 모든 것들에 대한 약간 마음노력, 내려놓음이 딱 실현이 되면서 그런 것 때문에 저는 좀 읽는 것 같아요.

심에스더 근데 책을 읽는다고 그 심통이 사라지는 것도 놀랍다.

버들 다른 사람들은 이렇게 살고 있는데 나는 왜 이럴까, 뭐 이런 마인드.

요조 왜 사람마다 자기 스타일이 있잖아요. 뭐 어떤 사람은 귀여운 스타일이 좋고, 어떤 사람은 삭발한 남자가 좋고 하는 자기만의 취향이라는 게 있는데 저의 경우에는 책을 읽는 모습 자체가 저의 스타일인가 봐요. 그래서 지하철 타면 간혹 가다가 책을 읽는 사람이 있잖아요. 그러면 남자든 여자든 제가 너무 쳐다보게 돼요. 그게 너무 멋있어서 나처럼 다른 사람들도 저 모습이 되게 멋있어 보이겠지라고 생각하는데 꼭 그렇지만은 않은 것 같아요. (웃음)

아무튼 일단 책을 읽는 사람을 볼 때 제가 느끼는 첫 감정은 '너무 멋있다'라는 거예요. 멋있으니까 저 역시 그 멋을 추구하고 싶은 거죠. 그래서 책을 소지하려고 하고 책을 읽으려고 하는 것이 일단은 제 멋내기인 거죠. 화장을 하고 멋진 옷을 입는 것처럼.

심에스더 그래서 표지가 저는 중요하다고 생각합니다. 그럼요.

버들 표지가 이상하면 전 아예 표지를 비닐로 감싸서 안 보이게 하고 들고 다녀요.

심에스더 예전에 누가 추천해 주셔서, 진짜 내용은 이상하지 않는데, 제목이 《외계인과 기독교》라는 책이 있어요. 외계인 그림이 있고. (웃음) 제가 지하철에서 그걸 읽고 있는데 이게 너무 눈치가 보이고 너무 이상한 종교 같잖아요. 그래서 이렇게 표지를 싹 가리고 훔쳐보듯이 읽었던 기억이 있어요. 정말 표지와 제목이 중요하다에 한 표.

요조 또 나이가 한 살 한 살 많아지면서는 그것도 의식을 하게 되더라고요. 나의 뇌를 위해서도 책을 좀 더 읽어야 되지 않겠나라는 생각. 건강 관리하듯이 정신 상태도 관리해야겠다 싶은 그런 생각을 젊어서는 하지 않다가 이제 새삼스럽게 슬금슬금 하게 됐어요. 그런데 일단 저한테는 너무 멋있어요. 책이 너무 멋있고 책을 쓰는 사람도 너무 멋있고, 책을 읽는 사람도 멋있어요. 그래서 저도 계속 그 멋을 부리고 싶어요.

신서희 교과서적인 얘기긴 하지만 책을 읽는 이유로 가정환경도 빼놓을 수 없는 것 같아요. 어렸을 때부터 책을 많이 읽는 분위기에서 자란 사람이 독서를 많이 하게 되지 않을까요?

요조 저도 그렇게 생각했거든요. 근데 꼭 그렇지도 않은가봐요. 아는 언니 부부도 엄청난 다독가인데요. 두 분의 자녀분은 독서를 전혀 즐기지 않는다고….

심에스더 맞아.

요조 책읽는 환경이 조성 되면 자연스럽게 책을 읽는 사람으로 자랄 것 같잖아요. 근데 또 그게 아닌 경우도 있더라구요. 책을 좋아하는 어떤 기질이라는 게 어떻게 보면 타고나는 것일지도 모르겠어요.

예술의 검열을 어떻게 생각하세요?

<u>조한진</u>   이 책의 앞부분에 '9번의 일'이라는 책에 대해서 나와요. 저는 그 책을 '아홉번의 일'이라고 알고 있었는데, 책을 살 때 즈음 제 일 때문에 조금 스트레스 받을 때인데, 책 제목을 보면서 '무슨 일을 아홉번이나 시켰을까?' 하는 궁금증에 그 책을 읽으려고 했었죠. 그런데 사 놓고 읽지는 못했어요. 책장에 그냥 꽂혀 있었는데, 여기서 그 책에 대한 이야기가 나와서, 이번 기회에 읽기 시작했어요. 그래서, 제목의 의미가 '9번'이라는 것을 얼마전에 알았죠. 이런 식으로, 저는 책을 구매할 때 서점에 가거나 아니면 인터넷으로 찾아볼 때에도, 제목과 표지가 중요하다고 생각해요. 예를 들면, 여름에는 팬시리 시원한 표지가 좋아지는 것처럼요.

<u>심에스더</u>   시원한, 맞아 맞아.

<u>조한진</u>   저는 책을 좀 의식적으로 가까이 하려고 노력하고 있어요. 하지만, 왜 책을 읽어야 하는지 그 타당성, 당위성에 대해서는 정확이 무어라고 말하기 어려운 거 같아요. 그런데 저는 첫 번째 책 '리터러시'를 읽으면서 답을 조금 얻었거든요. 우선은 글자가 주는 '추상성' 이에요. 영화를 볼 때는 영상이 바로 보이게 되지만, 글자로 읽을 때는 내가 상상하고 생각해내야만 하죠. 이러한 경

우에 나의 기존 지식과 경험에 따라 나만의 방식으로 세상을 이해할 수 있어요. 이것은 누구나 같은 영상을 보는 것과는 비교할 수 없는 차원의 이해라고 생각해요. 그리고 읽음으로써 우리는 보다 더 체계적인 사고를 할 수 있어요. a가 b가 되는 것은 쉽게 알 수 있지만, abcde를 거쳐서 f가 되는 것처럼 복잡한 사고의 과정은 문자로 써지지 않으면 해석하거나 표현할 수 없다는 것에 공감했어요.

심에스더 기능적이기도 하다.

조한진 읽기가 좋다는 건 알겠는데, '왜 읽을까?'에 대해 무어라 답하기는 저도 어려웠는데, 이번 기회에 답을 조금은 찾은 것 같아요. 그리고 무엇보다 제가 스스로 느끼는 가장 큰 부분은 '아무튼 읽은 후의 내가 조금씩 바뀐다'는 점이에요. 이것을 실제로 느끼고 알게 되니까 가능한 많이 읽으려고 애쓰고 있어요.

심에스더 어휘도 늘고.

조한진 그러니까요 책 고르는 것도 진짜 나중에 알려주세요. 올려주세요. 여기 무슨 책이었는지 서프라이즈로 그것도 좀 궁금하다.

<u>요조</u>　이제 한 번 남았네요. 아직 멀었다고 생각했는데 벌써 한번밖에 안 남았어요. 자 그럼 다음 마지막 책도 또 재밌게 잘 이야기 나눴으면 좋겠습니다. 너무 감사했습니다.

4장

죽음:
우연의 죽음과 필연의 죽음

죽음은 자연스러운 걸까, 비자연스러운 걸까? 철학, 종교, 과학 등 모든 분야에서 죽음이란 인간이 알 수 없는 심연을 나타내는 기호다. 이 장에서는 죽음이란 사건을 우연과 합리성의 관점에서 우리가 어떻게 바라볼 수 있을지 이야기를 나눈다. 이런 대화를 나눈다면 우리는 죽음을 태연하게 마주할 수 있을까? 과연 죽음을 직시한다는 게 인간에게 가능한 일일까?

《우연의 질병, 필연의 죽음》
미야노 마키코, 이소노 마호, 김양현 옮김, 다다서재

자연적/비자연적 죽음

자연적 죽음이란 '동물의 수명이 다하는 끝 날에 죽음을 맞게 되는 것'을 말하며, 비자연적 죽음이란 '수명이 다하기 전에 다른 이유로 죽음을 맞게 되는 것'을 말한다.

기독교에서 보는 죽음

기독교에서는 죽음을 '나'가 능동적으로 만들어낼 수 있는 것이 아닌, 인간의 대표인 아담이 지은 죄의 결과로써 인간에게 주어진 것이라고 본다.

이제 나는 곧 죽을지도 몰라

요조   저는 죽음을 바라보는 입장 자체가 인문학적인 관점과 과학적인 관점이 너무 다르다는 느낌을 받아요. 일단 인문학적인 관점에서 봤을 때는 죽음이 자연스러운 것인가 비자연스러운 것인가 더불어 슬픈 것인가 안 슬픈 것인가 하는, 약간은 형이상학적인 접근을 하는 것 같고요. 이에 반해 제가 얼마 전에 읽었던 과학책이나, 예전에 팟캐스트에서 김상욱 교수님하고 죽음에 대해서 나눈 대화를 생각해보면 인문학적인 관점과는 다른 이야기였어요. 그때 김상욱 교수님은 죽음이 자연스러운 상태라고 하시는 거예요. 죽음이 자연스러운 것이고 살아있는 게 더 신기한 것이다, 즉 죽음보다 삶이 약간 두드러진 어떤 상태라는 거죠. 그래서 죽음이라는 것은 그냥 다시 자연스러워지는 일, 다시 원래대로 돌아오는 일이라는 말씀을 하셨던 것이 기억에 남습니다. 죽음이라는 것을 그렇게 과학적인 입장에서 바라보면 인문학적인 시각과는 반대입장인 듯 합니다. 인문학적인 시각에서 보자면 살아있는 게 너무나 당연하고 자연스러운 일이고, 과학적인 시각에서는 죽음이 당연하고 자연스럽고. (웃음) 그렇게 보자면 이 책은 너무나도 인문학적인 시선으로 죽음과 삶을 바라보는 책이지요. 저 또한 별 수 없이 죽음의 상태를 당연하고 자연스럽게 받아들이는 것이 많이 어렵습니다. 읽으면서 먹먹해짐이 심해지는 책이었어요. 인문학적인 시선으로 몰입해서 바라보는 '삶의 유한성'이랄지, '죽음' 앞에서 인간이 어떤 선택을 할 수 있고 어떻게 저항할 수 있는가 하는 문제들을 보면서 뭐라고 설명하기 힘든 먹먹함이 많이 있었던 것 같아요.

그리고 저도 그렇지만 같이 책을 읽고 있는 여러분들의 나이로 볼 때, (나이 얘기해서 되게 죄송한데) 이 책에서도 그런 표현이 있지만 '죽음이 오고 있다'라는 것이 이제는 더 이상 막연하지만은 않은 그런 감각 아닌가요? (웃음) 사람마다 다를 수 있겠지만 저는 일단 여러분과 함께 나누고 싶었어요. 어떻게 죽음에 가까워지고 있음을 느끼고 있는지 그리고 그것을 어떻게 바라볼지 다짐 같은 것은 했는지 그런 것들을 좀 물어보고 싶었어요. 죽음이라는 것이 언제 어떻게 우리에게 도래할지 대체로 우리는 잘 모르기 때문에 어떻게 대처할 지도 좀 난감하잖아요. 누군가는 병에 걸려서 '나는 이 병으로 인해 곧 죽을 것이다'라고 실감을 확실하게 가지고 있겠지만 그게 없는 나머지 사람들은 어떻게 죽음을 맞이하게 될지 아무도 알지 못하잖아요. 더구나 저는 제 동생을 통해서 실제로 그 경험을 했기 때문에 '이렇게 사람이 갑자기 죽는 거구나'라는 앎에서 오는 말도 안 되는 기분에 대해 잘 알고 있어요. 그러다 보니까 그 경험이 저를 일반적인 사람과는 조금 다른 사람으로 약간 바꿔놓은 면들이 있었던 것 같아요. 이를테면 저는 내내 건강검진을 받은 적이 없었어요. 그러다가 재작년에 처음으로 회사 사람들하고 가서 건강검진을 받았는데, 그러면서도 건강검진을 받아야 될 이유를 모르겠는 거예요. 건강검진이라는 것이 내 몸에 이상이 생기기 전에 미리 고쳐서 나의 죽음을 유예시키기 위해서 하는 거잖아요.

그런데 저는 '우리는 언제 죽을지 모른다'라는 그 생각에만 사로잡힌 나머지 이것을 미리 알고 모르고가 무슨 소용이 있는가라는 생각을 하게 되는 것이죠. 그런데 이 책에서는 처음부터 아예 그런 얘기를 딱 하잖아요. 당신은 되게 아픈 사람이고 나는 아프지 않은 사람이지만 내가 당신보다 먼저 죽을 수 있다, 죽는다는 건 그런 것이다, 그렇게 시작하죠. 저 역시 그렇게 생각하고 있던 입장으로서 되게 반가웠어요. 일단은 그런 느낌으로 이 책을 읽기 시작했습니다. 그런데 오석 님께서 모임 전에 제게 따로 죽음에 관한 자료를 보내주셨잖아요? 한번 설명해주실 수 있을까요?

죽음에 대한 생각

<u>한오석</u> 지난번에 요조 님께서 '종교적인 특성 때문에 오석 님께서 죽음에 대해 뭔가 하실 말씀이 있으실 것 같다'고 말씀해 주셔서 고민해 봤는데요. 이걸 기독교의 관점으로 얘기하면 설교처럼 될 것 같아서 고민을 많이 해서 고른 게 '죽음은 자연적인 것인가? 비자연적인 것

인가?'라는 주제입니다. 이 주제에 대해서 철학자들이 많은 얘기를 했더라고요.

먼저 '죽음은 자연적인 것인가? 비자연적인 것인가?'에 대해서 정의를 해봤습니다. 자연적인 죽음은 한 생명, 한 동물의 수명이 다하는 끝 날에 죽음을 맞게 되는 것이고, 비자연적인 죽음은 수명이 다하기 전에 다른 이유로 죽음을 맞게 되는 것입니다. 자연적인 죽음을 이야기한 철학자는 니체와 하이데거가 있는데요. 니체는 죽음에 대해서 '죽음은 삶의 한 부분이고, 삶의 바깥으로부터 인간의 삶에 일어나는 게 아니라 삶 자체로부터 삶의 마지막에 일어난다'고 이야기 했습니다. 그리고 하이데거는 '죽음은 현존이 있자마자 받아들이는 존재의 방식이다'라고 이야기 했습니다. 정리하자면 '죽음은 무섭거나 두려운 존재가 아니라 넓은 의미에서 삶의 현상이고 삶의 구성요소로서 생명의 시작부터 죽음을 향해서 가게 된다'는 건데요. 니체와 하이데거가 선택한 자연적인 죽음이 삶을 받아들이는 데 있어서는 장점이 있지만, 단점이 있다면 죽음에 무감각하게 되고 죽음의 문제가 다가왔을 때 그것을 체념하게 되는 문제점이 있습니다.

반면에 비자연적인 죽음의 모델을 선택한 철학자는 사르트르라는 프랑스 철학자입니다. 그는 '죽음은 낯선 것이고 삶에 속한 것이 아니라 삶의 바깥에서 오는 것이다'라고 정의하며 죽음의 우연성을 이야기하였고 신에 의지하지 않는 개인의 주체적인 선택을 강조하며 '인생은 태어남과 죽음 사이의 선택이다.(Life is BDC)'라고 하였습니다. 이와 같이 사르트르는 '무신론적 실존주의'이지만 비슷한 맥락으로 죽음을 정의하는 것이 기독교의 '인간론'입니다. 기독교는 인간의 죽음이 자연적으로 찾아오는 것이 아니라 '인간의 대표였던 아담이 스스로 죄를 선택했고 그 죄의 결과로써 죽음이 주어졌다'라고 이야기하기 때문입니다. 비자연적인 죽음도 마찬가지로 단점이 존재하는데요. 죽음을 비자연적으로 보게 되면 죽음을 통제할 수 없는 존재로 보고 두려움을 느끼게 된다는 겁니다.

이런 죽음에 대해서 두려움을 느낄 때 이것을 극복하고자 한 예시로 대표적인 것이 종교입니다. 각 종교마다 죽음의 두려움을 극복하는 방법이 있는데요. 불교에서는 윤회론을 이야기 하고, 가톨릭에서는 연옥을, 개신교에서는 영생과 영벌을 이야기 합니다. 신앙이 아닌 방법으로 죽음의 두려움을 이겨내는 것은 '죽음을 배제하는 것'이 있는데요. 이것은 우리 책 97쪽에서 '통제 욕구의 방식'이라는 용어로 나옵니다. 죽음의 심리적 배제는 죽음으로부터 오는 불안을 극복하고자 인간의 심리적 기능과 평형 관계를 침해할 수 있는 본능들, 관심들, 생각들을 인간의 의식에서 제거하는 것을 말합니다.

제가 이렇게 정리를 하면서 여러분과 나눠보고 싶었던 주제는 죽음에 대해서 여러 가지 견해가 있는데 '죽음이 자연적으로 오는 것인가' 아니면 기독교의 교리나

사르트르의 견해처럼 '죽음이 비자연적으로 와서 우리에게 두려움을 주는 존재인가'에 대해서 여러분과 한번 이야기를 나눠보면 재미있을 것 같습니다.

<u>요조</u>　이렇게 꼼꼼하게 정리를 해오셨을 줄은 몰랐습니다. 오석 님께서 정리해 주셨던 것처럼 우리는 죽음이라는 것에 대한 공포로부터 도망가고 싶은 마음도 있고 안정되고 싶은 마음도 있고, 그런 마음 때문에 종교에 의지하는 사람들이 있는 것일 텐데요.

　하지만 저는 사실 종교인이라고 해서 다 그런 생각을 가지고 계시다고는 생각하지 않아요. 예를 들어서 신을 믿지 않는 목사님도 계실 거라고 저는 생각하거든요. 김은국이라는 소설가가 쓴 《순교자》라는 소설에도 신을 믿지 않는 목사님이 등장해요. 정작 자신은 신을 믿지 않으면서 사람들에게는 신을 믿으라고 신께서 여러분을 구원할 거라고 복음을 열심히 전하죠. 전쟁으로 고통받는 인간들에게, 신을 향한 믿음을 가져서라도 살고자 하는 생의 의지랄지, 고통스러운 죽음의 공포를 견딜 수 있게 하는 힘이랄지, 이런 것을 주고 싶었던 거예요. 그것이 그의 신념이고 그의 신앙이라고 말하는 소설이었어요. 저는 이 소설의 이야기가 한국전쟁 속에서 나타날 수 있는 종교인의 사례가 아니라 어쩌면 지금도 그런 목사님들이 계시지 않을까라는 생각이 들곤 해요. 오석 님도 전도사님이지만 진심으로 신을 믿는지 안 믿는지는

우리가 알 수 없지요. 당연히 전도사이니까 신을 믿을 것이다, 그래서 사람은 죽어서 천국이나 지옥에 가는 거라고 믿는 사람일 것이다, 이런 당연한 전제를 오석 님께 두고 싶지 않았어요. 오히려 우리 같은 비종교인보다 종교인의 입장에서 죽음에 대해 좀 더 첨예하고 복잡한 마음을 갖고 있을 지도 모른다는 생각이 들었어요. 그래서 그런 이야기들에 대해 조금 여쭤보고 싶었어요. 본인이 어디까지 공개할 수 있는지, 할 수 있는 한 좀 진솔한 이야기를 듣고 싶었어요. 사실 저는 교회 다닐 때에도 기독교에서 이야기하는 죽음 뒤의 세상이 조금 멋이 없게 여겨졌어요. 그리고 교회에서 이야기하는 신이라는 것도 신이 아니라 그냥 너무 인간 같은 느낌이 들 때가 많았어요. 그러니까 소위 인격신이라고 하는 어떤 그런 부분이 저의 내면에서 계속 부딪혔던 것 같아요. 그러다 보니 어느샌가 '아니 신이라고 하면서 왜 이렇게 인간처럼 쪼잔하게 굴지? 왜 자기를 믿지 않는다고 벌을 주고 왜 지옥에 보낸다고 하는 거지, 그러면서 왜 사랑의 종교라는 둥 원수를 사랑하라는 둥 상반된 얘기를 하는 거지' 하는 생각이 들었어요. 뭔가 어디서부턴가 엉킨 것 같다는 느낌이 자꾸 들고 뭔가 잘못된 것 같다는 느낌도 들었고요. 저처럼 얄팍하게 교회 다녔던 사람도 이런 복잡한 마음이 있는데 신학을 제대로 공부한 사람의 내부에서는 어떠한 내적 충돌들이 있었을까, 그것들을 어떻게 해결했을까, 하는 생각이 자연스럽게 들었던 것이죠.

<u>한오석</u> 죽음에 대해서 이야기 한 에피쿠로스학파가 있는데 그 학파에서는 '아무리 생각해봐도 나는 죽음을 경험할 수 없다고 생각한다. 고로 나는 죽음을 생각할 필요가 없다고 생각한다'라고 말합니다. 이 말이 일리가 있어요. 우리 모두는 죽음을 경험할 수 없고, 죽음 이후에 대해 명확히 알 수 없지요. 그렇지만 성경의 '아담과 하와' 이야기를 통해서 알 수 있는 기독교의 죽음은 '비자연적인 죽음'이거든요. 죽음은 인간의 통제범위를 벗어난 낯설고 두려운 존재이고, 원래 존재해서는 안 됐던 어떤 것이라는 얘기예요. 따라서 기독교인에게는 희망의 메시지가 필요합니다. 그리고 그 희망의 메시지를 십자가에 달려서 돌아가셨지만 사흘만에 다시 살아나심으로 죽음을 극복한 예수님에게서 찾는 것이고요. 예수님 스스로도 "나는 부활이요 생명이니, 나를 믿는 사람은 죽어도 살고, 살아서 나를 믿는 사람은 영원히 죽지 않을 것이다."라고 말씀하시며 믿는 사람은 죽음 이후에 영생을 얻게 될 것이라는 희망의 메시지를 전하셨습니다. 이를 통해 기독교인은 죽음의 두려움을 극복하게 되는 것입니다. 다만, 예수님이 말씀하신 믿음이란 신의 존재에 대한 믿음이 아니에요. 관계성에 대한 믿음입니다. 성경에서 이야기하는 죽음의 시작은 아담과 하와가 에덴동산에 있으면서 모든 것을 누릴 수 있었지만 먹지 말라고 하신 한가지, 선악과를 먹는 선택을 한 것에서부터 입니다. 이로 인해 인간은 하나님과의 신뢰관계에 담

을 쌓게 된 것이죠. 그렇기 때문에 죽음이 존재한다는 것은 하나님과의 관계회복이 있어야 된다는 얘기가 됩니다. 정리하자면 에피쿠로스학파의 말처럼 죽음을 경험할 수는 없지만 성경이 이야기하는 죽음이 원래 자연스러운 것이 아니기 때문에 믿음을 통해 자연스러운 것으로 회복해 나가는 과정이 신앙의 여정이라고 할 수 있을 것 같아요.

우연, 합리성, 운명

요조   다른 분들은 어떻게 읽으셨어요?

조한진   저는 요조 님이 얘기해 주신 책의 초반쯤에 나오는 얘기들이 좀 이상했어요. 암이라는 병에 걸린 분에게 상대방이 나도 언제 병에 걸릴지 모르고 무슨 사고를 당해서 어떻게 될지도 모른다며 상대를 안심을 시키는데 그 얘길 듣고 상대방이 '맞아'라고 하는 대목이 있잖아요. 그런데 저는 그 대목이 굉장히 이해가 안 됐거든요. 두 경우는 너무 다른 거죠. 우리는 분명히 오늘도 밖에 나가서 사고를 당할 수 있죠. 하지만 이런 두 가지 상황이 가능성이라는 점을 따로 떼어놓고 얘기할 수 없는데, 내가 사고를 당해 죽을 가능성과 지금 심각하게 암을 앓고 있는 사람의 죽음에 대한 가능성은 너무나도 큰 차이인 거죠. 과연 그것을 같다고 볼 수 있을까? 저는 그 부분이 굉장히 이해가 안 됐고, 어찌보면 좀 답답하게 느껴지기도 했어요. 이것을 같다고 하는 두 분에 대하여 조금 우스갯소리로 너무 문과적인 이야기를 주고받고 있다는 생각이 들었어요.

두 가지 상황을 굳이 확률로 비교하자면 100배? 아무튼 큰 차이가 나는 거잖아요. 가능성은 있지만 이쪽이 훨씬 가능성이 높고 저쪽은 매우 작은 가능성인데, 이걸 같다고 보는 건 너무나도 심각한 비약이라고 생각했어요. 요조 님은 건강검진에 대해서 지금도 비슷한 생각을 가지고 계세요?

요조　네, 결과 나왔는데 뭐 특별히 이상이 있는 곳은 없더라고요. 그런데 의외로 재미있었어요. 되게.

조한진　옷 갈아입고 들어갔다 나오고.

한오석　약간 소풍 가듯이.

요조　그냥 가볍게 재밌다는 느낌으로 다녀왔습니다.

조한진　저도 비슷한 경험이 있는데 검진 통해서 병을 발견하고 치료했거든요. 그런데, 그걸 만약에 발견하지 못하고 지나갔으면 몸이 훨씬 더 안 좋아질 수도 있었겠죠.
다시 말하면, 건강검진은 건강하게 살아갈 수 있는 가

능성을 높인다고 할 수 있죠. 그래서 저처럼 일찍 발견하면 치료하고 나아질 수 있는데, '사람은 어떻게 죽음을 맞이하는지 알 수 없으니까 검진은 필요 없어'라고 생각하면 안 될 것 같아요. 음, 좀 더 자세히 얘기해볼게요.

<u>요조</u>　네. 좀 더 들려주세요.

<u>조한진</u>　그 가능성이라는 것이 내가 사고를 당할 가능성과 여기 나오는 마키코 님이 병으로 인해서 죽을 가능성은 너무 다른데 그것을 같이 볼 수 없다고 생각해요. 그리고 책의 다른 부분에서는 "이걸 하세요. 이걸 하면 이런 부작용이 생길 수도 있지만…" 하면서 의사들이 표준적 치료라고 하는 치료법들을 제안하는 내용이 있어요. 이러한 치료를 하면 호전될 가능성이 80%지만, 어느 정도는 부작용이 있을 수 있다는 식으로 얘기하는데, 이런 경우 만약의 그 부작용 20%, 10%를 걱정하더라고요.
　이런 경우 어떤 쪽을 선택해야 할까요? 어떤 쪽을 선택해도 100%가 아닌데. 그리고 이 선택 다음에, 또 다른 선택을 해야 한다면, 지금의 그 선택이 무슨 의미가 있냐? 라고 계속 묻곤 하죠. 그런데 제 생각에는 성공률 80%의 선택을 하고 나면 이미 큰 방향이 정해지죠. 한쪽으로. 그러면 나머지 20%를 제외하고 그 80% 안에서 또 다른 선택들을 하게 되고, 결국 나의 선택은 좋은 방향으로 갈 가능성이 높아지는 거죠. 그런데 여기서도

100%가 아니다 보니, 운이 나쁘고 나빠서 다시 안 좋아질 수 있는 가능성도 물론 존재하죠. 나 개인만을 생각해보면, 혼자이기 때문에 내가 어떤 결과에 도달할 지는 누구도 확신할 수 없죠. 그렇지만, 중요한 것은 나도 그 확률 속의 일부이고, 나와 같은 사람이 10명, 100명, 1000명이라면, 그중에 80%는 좋아지는 결과가 나타나는 것이죠. 그런데 이것을 어떻게 같다고 할 수 있겠습니까. (다들 이해하지 못하는 표정) 제 말 이해할 수 있으신가요?

심에스더 대체요법 얘기 아닌 거죠.

신서희 진짜 이과적이시다.

조한진 그래서 의학에 관한 이야기가 나올 때 의사들이 이 책을 보면 너무 다르게 생각하겠다는 생각을 하면서 읽게 됐죠.

심에스더 오케이, 오케이. 그럴 수도 있겠네요.

조한진 그리고 이 책에서 끝까지 관통하는 주제는 아무래도 저자가 우연성에 대해서 연구한 철학자다 보니까 결국은 우연성에 맡기는 삶이 조금 더 바람직하다는 이야기를 하고 있는 걸로 저는 느꼈어요.

이 책의 저자들은 합리성에 기초한 선택들을 하는 게 무슨 의미가 있냐는 식으로 조금 의문을 제기하더라고요. 책에서 저자들은 그렇게 이야기를 하는데 저는 그 말에 선뜻 동의할 수가 없어요. 제 생각엔 합리성에 기초한 선택이 너무나 큰 의미가 있고, 우리는 계속해서 합리성에 기초한 선택들을 해야 한다고 생각해요. 그런데 사실은 이 당사자들은 본인이 정말로 죽음을 앞에 두고 몸으로 겪고 있는 사람이기 때문에 이분이 그때 느꼈을 심정과 그 당시의 선택들을 우리가 전부 알 수는 없죠. 분명히 그분들이 전하는 여러 가지 이야기는 크게 울림이 있었고, 공감되는 부분들도 많았지만, 책의 뒤편으로 가면 '어떻게 이렇게 생각할 수 있지?' 하면서 그 선택들을 설명하는 과정들이 조금은 이해되지 않는 부분들도 있었어요. 확률적인 이야기 그리고 합리성에 기초한 선택들과 우연에 기초한 선택들이 좀 와닿지 않았던 것 같아요. 책 내용 중에 생각나는 에피소드가 있어요. 병원 선택할 때 여러 곳을 알아보면서 잘 모르겠다고 하다가, 우연히 어떤 병원을 알아봤는데 그 병원을 그냥 선택하는 장면이 나오잖아요.

이 선택도 앞선 여러 시행착오가 있었기 때문에 결국 선택할 수 있었다고 저는 생각하거든요. 처음부터 그 병원에 갔으면 선택했을까? 저는 아닐 거 같아요. 앞서 많은 공부들을 했고 알아보고 실제 만나보고 이야기를 들어보았기 때문에 여기는 뭐가 부족하고 뭐가 부족했는데 마침 마지막으로 이 병원을 갔더니 여기는 조금 부족한 부분은 있지만 다른 데보다는 낫겠다고 생각해서 판단할 수 있지 않았을까 하는 생각들을 하게 되는 거에요. 그게 우연이라고 할 수 있을까요?

심에스더   그런데 마키코 님이 말하는 우연이 그런 게 아니잖아요. 그러니까 그냥 아무것도 안 하다가 될 대로 돼라가 아니라 최선을 다해서 합리적인 선택을 해나가다가도 그게 전부가 아니라는 걸 깨닫게 되는 거지요. 내 나름의 최선을 다해 보다가 그렇게 내가 예상하지 못한 곳에서 합리성으로만 설명할 수 없는 어떤 영역에 다다라서 갑자기 병원에 들어오듯이 우리의 인생도 합리적인 과정으로만 사는 게 아니라 우연히 발견하게 되는 것도 있다는 거죠. 물론 대부분은 합리적인 선택 과정으로 살려고는 하죠. 그러니까 내 이성과 노력, 이론 이런 것들로 선택을 하다가도 내가 한 예상에서 벗어나는 어떤 상황이 딱 닥쳤을 때 저자가 '이건 미처 예상치 못했던 건데' 했던 것들을 사실 우연이라고 받아들이는 거라고 저는 생각을 했거든요.

그러면서 저자도 '이건 우연이니까 합리적인 선택은 필요 없어'라고 말한 게 아니라 오히려 우연성은 있지만 그래도 포기하지 않고 최선을 다해서 살아가는 삶에 대해서 되게 긍정을 하는 부분이 있잖아요. 그래서 저는 약간 이 사람이 그냥 우연에 기대서 어차피 우연히 이루어질 인생이고 뜻대로 되지 않는 인생이니 합리적일 필요가 없다고 말하는 건 아니었다고 생각해요.

조한진　저도 그렇게 생각하지는 않습니다. 우연으로 이루어지는 인생이라서 합리적일 필요는 없다고 쓰여 있는 것 같지는 않아요. 그런데 책을 읽으면서 생각에 생각을 거듭하다 보면 우연과 합리가 굉장히 혼동되긴 해요.

요조　우연, 필연, 운명. 이런 경계가 모호해지고.

조한진　할수록 읽으면 읽을수록 더 모호해지죠.

요조　이 책 속에서도 거듭해 들어가면서 필연과 우연을 얘기하는 장면이 나오는데 그 필연의 우연을 거슬러 올라가서 필연의 최초로 가보면 그게 필연이었을까 하는 의문이 드는 거죠. 거기에는 분명히 어떤 우연성이 개입했을 것이고 그렇게 생각하면 필연성과 우연성을 딱 구분해서 말하기 어렵다는 내용이 나오잖아요. 그러니까 이런 이야기들을 계속 따라가다 보면 진짜로 뭐가 뭔지 헷갈리는 느낌이 들지 않아요?

한오석　그래서 저는 그 우연이 내가 모르는 필연이지 않을까 하는 생각을 해봤어요. 그 우연은 단지 내가 몰랐을 뿐이지 언젠가 일어나게 돼 있는 필연이었다는 거지요.

심에스더 그럼 운명인가요?

한오석 네, 운명론이죠. 그러니까 '내 운명이 정해져 있다'는 운명론보다는 나비효과처럼 '작은 우연이 있었지만 내가 모르는 사이에 커져서 나에게 올 수밖에 없는 필연이 되었다'라는 설명이 더 잘 어울릴 것 같아요.

요조 그러면 약간 그런 건가? 그 우연과 운명과 필연이 삼위일체처럼 다르면서도 같은.

심에스더 자, 성부 성자 성령이 나왔어요. (웃음)

요조 그런 것처럼 약간 다르면서도 이렇게 본질적인 데에서는 상통하고 있는 어떤 그런 개념들의 연결이라고 할 수도 있지 않을까요.

심에스더 저는 종교가 있는 사람은 그렇게 결정하거나 믿는다고 생각하는데, 저자도 그렇게 생각하는지는 모르겠어요. 그냥 그 본질이 모두에게 통한다는 건지 모르겠지만 어찌 됐건 인간의 영역을 벗어난 지점에서는 우리가 발버둥치고 생각한 그런 영역에서 벗어나는, 우리 뜻대로 되지 않는 일이 이 세상엔 분명히 있다고 생각해요. 약간 저는 그쪽에 더 가깝다고 생각을 했거든요. 그리고 거기서 어떤 결정을 내리지 않으려고 하는 게 저는 오히려 더 좋았던 것 같기는 해요.

조한진 이 책에서는 '합리성에 기초한 선택만을 고집하면 오히려 놓치게 될 수도 있다, 그러니까 좀 우연성에 맡겨봐라'라고 말하는 것 같았어요. 이것이 틀렸다고 말하고 싶지는 않지만, 합리성과 합리적인 선택을 찾는 것도 의미 있다고 생각해요.

요조 그 나름의.

조한진 그것도 나쁘지 않게 의미가 있다. 그런데 그것도 끝에 가면 또 엉켜요. 계속 합리성을 따라가다 보면 또 그게 이것도 결국 선택은 우연이라고 할 수 있는 것 아닌가 하는 결론에 다다르는 거죠.

요조 그 합리도 되게 우연하고 얽혀 들어갈 수 있는 문제인 것 같아요. 저의 경우를 생각해보면 합리라고 하는 게 너무 가변적이에요. 어떤 우연에 의해서 나의 합리성이 막 휘둘리는 느낌이에요. 내가 어떤 선택을 하기 전에 이 사람을 만났느냐 저 사람을 만났느냐에 따라 나의 선택이 너무 달라질 수 있었어요. 그러니까 나의 합리성이라는 것도 저 자신도 약간 믿을 수 없는 느낌이라고 해야 되나. 그렇게 생각하면 진짜 말씀하신 것처럼 막 다 엉켜버리는 느낌이 들어요…. 에스더 님은 이 책이 너무 좋으셔서 주변에 막 추천도 하셨다고요.

심에스더   그러니까 저는 약간 고민의 출처도 잘 몰랐던 어떤 고민이 있었던 것 같아요, 고민의 내용도 잘 모르는 고민이 있을 때가 있잖아요. (웃음) 그런데 이 책을 보면서 제가 뭘 고민하고 있었고 그리고 또 앞으로 어떻게 힘내서 살아가야겠다 하는 뭐 이런 위로를 되게 얻었어요. 저는 이 저자의 상황과 비슷하게 겹치는 상황들이 꽤 있어서 와닿는 부분이 좀 많았어요. 최근에 정말 사랑했던 반려묘가 갑자기 죽었어요. 제가 너무 예상하지 못한 상태에서 죽었기 때문에 일단 저희 가족들이 좀 충격을 받았죠. 그런데 제가 생각했던 것보다 더 심하게 슬픔을 느낀 거예요. 정말 예상치 못한 반려묘의 죽음이 저를 더 심하게 슬픈 감정으로 몰아넣었는데, 제가 이렇게 슬플 거라는 예상을 못했어요. 그게 단순히 반려묘의 죽음뿐만 아니라 어떤 여러 가지가 연결이 되는 부분들이 생각이 나더라구요. 몇년 전 가까운 사람의 암투병부터, 친구들의 죽음 등등. 특히 동갑 친구가 심장마비로 갑자기 떠났기 때문에, 생명이 한 순간에 사라질 수 있다는 게 확 와닿았어요. 만약에 좀 시름시름 앓았다 갔다면 그건 또 좀 다르게 다가올 수 있었을 것 같은데 오늘 안녕, 이랬던 사람들이 순식간에 사라져버리니까 인간의 삶이 한순간에 사라질 수도 있는 가벼운 무엇이라는 생각이 좀 들었던 것 같아요.

그래서 그런지 저는 이 책의 저자가 투병을 하면서 겪는 병원을 찾는 과정, 병을 대하는 과정 등등에 좀 공감가는 부분도 있었어요. 그리고 합리적으로 최선을 다하려고 하지만 그 중간 중간 연약한 인간이라는 사실을 보게 되고, 우리 존재 자체가 요조 님이 말씀하신 것처럼 합리적일 수만은 없다고 생각하거든요. 내가 생각해놓은 틀 안에서 합리성도 있는 것이고 우연성도 있고 상대성도 있다는 생각이 들거든요.

<u>요조</u> 우연이라고밖에 할 수 없는.

<u>심에스더</u> 우리의 보편적 사회 안에서 오랫동안 쌓아온 데이터, 통계, 완벽하지 않아도 조금 더 신뢰가 가는 것들을 선택할 수 있겠죠. 그게 저는 최선의 합리적 판단이라고 생각하거든요. 그럼에도 불구하고 그것에서도 벗어난 영역 역시 너무 많지 않나요?

약이 없는 병도 많고, 의사들도 정확한 대답을 해주지 않는 상태에서 되게 지치고 힘드니까 최선을 다해서 여러 선택들을 하지만 마키코 님이 말한 것처럼 막 지치니까 나중에는 그냥 편한 선택을 하게 되는 거죠. 원래는 저 병원에 가려고 했는데 그냥 눈앞에 여기, 하면서 선택하게 되는 그 마음도 저는 이해가 되더라고요. 그러면서 과연 합리적이라는 것이 어떤 것이라고 딱 정의내릴 수 있을까 하는 생각을 했어요. 그리고 거기서 100이라

는 건 정말 뭘까? 그것이 너무 두려운 사람들에게 그 합리적이라는 말 자체가 때론 얼마나 폭력인가 하는 생각이 많이 들었어요. 사실 그 선택을 하고 나서도 두려울 때가 있거든요. 여전히 내가 잘한 선택일까, 우리가 잘 선택했을까, 진짜 저희 고양이가 죽었을 때도 그런 생각했거든요. 내가 좀 더 빨리 이 병원에 갔으면 애가 살았을까. 다른 병원 갔을 때도 큰 병원으로 옮기시고 싶으면 옮기세요, 이렇게 말해요. 옮겨라가 아니라 여러 대안을 주고 저희가 선택하도록 하거든요. 그래서 고민하다가 옮겼는데 그 병원에 가자마자 진료 받다 죽었어요. 진짜 저랑 아무 일 없다는 듯이 같이 있던 친구가 하루 사이에 갑자기 죽어버린 거예요. 저는 그게 내내 괴로웠어요. 내 판단이 합리적이었을까? 내가 저녁에 애가 아프다는 걸 좀 더 빨리 알았다면 괜찮았을까, 저녁에 일하러 가지 않았다면 애가 살 수 있지 않았을까 등등 별의별 생각이 다 들더라고요.

그런 와중에 제가 이 책을 보니까 합리적으로 선택하는 걸 부정하는 게 아니라 그 안에도 다 맹점이 있고 어떤 순간에도 우연이 끼어들 수 있기 때문에 최선을 다하되 그 결과가 합리적 과정에 미치지 못 하더라도 그것을 모두 다 나의 책임과 고통으로 가져갈 필요는 없다는 결론? (웃음) 좀 웃긴 이야기를 하자면 제 남편은 평소 술 담배를 안 하고 운동도 열심히 하고 점심시간에도 회사에서 운동하는 사람으로 유명했는데 암에 걸렸거든요?

그게 알려지자마자 회사 사람들이 두 부류로 나뉘었어요. 갑자기 건강검진을 받는 사람들과 '아이고, 건강 관리 의미 없다' 하면서 술 담배 막 하면서 더 자유롭게 살자고 하는 두 부류로. (웃음) 그만큼 우리가 좋다고 생각하는 것을 믿고 살다가 나온 직·간접적인 결과를 가지고 내가 방향을 정하고 가는 게 나쁜 건 아니지만 또 그 안에서 언제나 최고의 결과를 기대하면서 그것이 합리성이라고 생각하면 정말 큰 함정이 아닐까 하는 생각이 들었어요. 정말 내가 판 무덤에 내가 빠질 수도 있는 게 이 합리성의 함정이 아닐까 하는 생각.

한오석 저는 그래서 그 합리성이라는 게 오히려 최선의 결과일 수도 있다는 생각이 들었거든요. 왜냐하면 우리가 흔히 꼰대라고 부르는 어른들 같은 경우에 내가 생각하는 합리성과는 다른 합리성을 가지고 계시거든요. 결국에는 합리적이라는 것은 자신이 가지고 있는 가치체계에서 사고를 통해 만들어낸 결과물이기 때문에 '내가 봤을 때 합리적이다'라는 말은 각자의 기준이 다른 것일 뿐이지 그 사람의 가장 최선의 것이나 최고의 것일 수 있다고 생각합니다.

심에스더 그것도 그럴 것 같아요.

조한진 근데 합리라고 하면 주관적이면 안 되겠죠. 주관적이면 나만 합리적이라고 하는 거지 합리적인 게 아닌 거겠죠. 객관적인 무언가가 있어야 합리적이겠죠.

심에스더 그래서 주변의 지지가 되게 큰 힘을 발휘하는 영역이 합리성인 것 같더라고요. 다른 사람들이 봤을 때 내가 합리적인가 눈치 보게 되면서 가게 되는 게 합리성의 영역인 것 같아요. 어쨌든 저는 저자들의 행동이 모든 게 좀 굉장히 뭉클했어요. 죽음을 앞두고 있으면서 자기가 살아온 어떤 과정을 그냥 뚜벅뚜벅 글로 남기는 느낌이 들어서.

죽음을 맞이하는 자세

요조 그리고 아픈 와중에 이런 글을 쓴다는 게 정말 감동적이긴 하죠. 저는 어떻게 이럴 수 있었을까라는 생각이 되게 많이 들더라고요. 제가 코로나 걸렸을 때 제 친구 중에 한 명이 코로나 치유 기록을 남겨보라는 거예요. 일주일 이주일 동안 어디가 어떻게 아팠고 뭘 느꼈고 이런 것들을 남겨보래요. 근데 이게 진짜 언감생심이었어요. 아프니까 뭘 할 수가 없겠는 거예요. 그래서 겨우겨우 3일째 되는 날인가 4일째 되는 날 글자가 눈에 들어와 가지고 쓰는 게 아니라 읽는 게 가능해졌던 게 3일째인가 4일째였거든요. 이 책을 읽으면서도 어떻게 이런 글을 모르핀을 맞아가면서 쓸 수 있었을까 생각해

보면 약간 좀 비현실적인 느낌이었어요.

한오석 저는 저자가 이 책을 쓰면서 편지를 주고받는 과정에서 위로를 얻었지 않나 이런 생각이 들더라고요.

요조 그랬을 거예요.

한오석 그래서 마키코 님이 약간 통달한 듯한 느낌으로 '자신이 이 글의 에이스'라고 하기도 하고, 이 글을 통해서 뭔가 죽음에 대한 두려움과 막막함을 극복하는 그런 과정을 거치지 않았나 하는 생각을 했습니다.

요조 그러니까 어떻게 보면 '통증 때문에 어떻게 글을 쓸 수 있었을까?' 하고 아프지 않은 사람의 입장에서 생각해보게 되지만 이분은 글을 쓰면서 통증을 견디는 삶의 낙으로 삼았던 것 같네요.

신서희 저도 그런 의미에서 이 책이 너무 좋았던 것 같아요. 저는 이 책을 베스트로 꼽을 만큼 좋았어요. 저는 지금까지 모임에서 읽었던 네 권의 책 중에 제일 좋았고 최근에 읽었던 책 중에서도 제일 좋았어요.

요조 저도 이 책 너무 좋았어요.

신서희   책 서두의 작가 소개를 보니까 작가가 책을 다 쓰고 난 뒤, 마지막 서문을 쓰고 2주가 채 안 되어서 세상을 떠났더라고요. 그것을 본 순간부터 이 책에 호감을 갖기 시작했고 뒤로 갈수록 책을 놓을 수가 없었어요. 너무 재밌어서, 재밌다고 표현하는 게 좀 웃기긴 하지만요. 저는 이 책을 읽으면서 제가 죽음에 가까워져도 죽음을 많이 생각하고 죽음에 대처하는 방법을 고민하다 보면 죽음이 무섭지 않을 것 같았어요. 저는 죽음보다는 질병이나 고통, 장애 이런 것에 대한 공포가 더 있어요. 그래서 여기서도 '우연의 질병'이라고 표현한 게 아닐까 싶어요. 저는 '우연의 질병'에 대한 공포는 늘 있었어요. 작가도 여기서 통제 욕구가 있다고 나오잖아요. 그렇게 예측 가능한 미래가 있다고 생각하니까 장도 보러 다니고 하시겠지요. 사람은 예측 불가능한 상황에 대한 두려움이 있기 때문에 죽음에 대한 두려움도 있는 것 같아요. 저도 질병의 고통에 대한 공포는 있지만 죽음에 대한 공포는 별로 없는데요. 그런 의미에서 작가가 진짜 행복한 사람이겠다 싶더라구요. 이분이 정말 끝까지 정신을 놓지 않고 아주 명확하게 자신을 보고 끝까지 글을 쓰고는 딱 중환자실에 들어가잖아요. 너무 멋있다, 나도 이렇게 마무리하고 싶다 생각했어요.

요조   거기서부터 글의 국면이 바뀌지요.

신서희 이렇게 살고 싶다, 이렇게 살았으면 좋겠다, 생각했어요. 어쨌든 삶이 다 우연이잖아요. 결국은 저는 이 책이 죽음에 대한 글이라기보다는 우연에 대한 글이 아닐까 생각해요. 우연히 각오와 용기를 냈을 때 선이 되어서 그것이 운명이 되는 과정이 너무 멋있게 느껴지는 거예요. 여기 책에 나오는 복싱한 사람도 어쩌다 보니까 복서가 된 거잖아요. 사실 제 삶도 어쩌다 보니 여기까지 왔고 뭘 계획하지 않았는데 또 어떻게 흘러갈지 모르죠. 제가 내일 당장 죽을 수도 있고. 어떤 분은 공감 못하셨다는데 저는 너무 공감했거든요. 그렇지 내가 언제든지 죽을 수 있지, 내일 당장 죽을 수도 있다, 이런 생각을 했어요. 그렇기 때문에 삶에서 굉장히 많은 우연적인 요소를 어떻게 받아들일 것인가, 언제 죽을지 모르지만 죽는 그날까지 질병에 대한 공포 같은 것들을 어떻게 이기면서 살 것인가 생각해보게 됐죠. 요새 가끔 허리가 아프고 노안이 오고 이럴 때마다 이제 랜딩을 준비해야 될 땐가? 이런 생각이 굉장히 많이 들거든요. 제가 얼마 전에 무릎이 아파서 병원에 갔더니 의사 선생님이 "쓸 만큼 쓰셨잖아요." 하시는 거예요. 그 말을 듣고 새삼 랜딩을 준비해야 될 때구나 이런 생각을 하면서 이 책을 봤어요. 이렇게 우연히 계속 나가지만 저자가 결국에는 선이 되어서 세계에 닿을 때까지 사는 삶이 너무 멋지다, 나도 이렇게 살았으면 좋겠다고 생각했어요.

요조   그러네요. 사람이 아파서 죽음을 앞두게 되면 일단 육체가 상하고 나중에는 정신도 혼미해지는 상태가 오는 것 같더라고요. 그런데 마지막까지 정신을 집중하느라고 얼마나 노력을 많이 했겠어요. 정신을 집중하면서 이런 글을 썼다는 게 진짜 대단하다고 생각했어요.

심에스더   그런데 저는 서희 님 말씀 들으면서 어떤생각이 딱 스쳐갔어요. 제가 가장 고통스러운 게 뭔지를 곰곰히 생각해보니 애들인 것 같은 거예요. 저도 제가 이럴 줄은 몰랐는데요! 그러니까 제가 이렇게 힙하지 않게 애들한테 얽매일 줄 몰랐어요. (웃음) 나의 죽음을 생각했을 때 가장 먼저 드는 생각은 아직은 어린 내 아이들이 겪을 타격이 사실 제일 두려운 거 같아요.

   그런 와중에 제가 이 책을 읽으면서 인상적으로 다가왔던 단어가 '약속'이라는 말이었어요. 이 책에서는 약속이라는 얘기를 하면서 약속은 어떤 일이 당장 일어날 지는 알 수 없어도 그냥 결정된 것처럼 믿고 내일 죽더라도 오늘을 사랑하는 태도라고 저자가 스스로에게 다짐하는 부분이 특히 마음에 와닿았죠. 그러면서 내가 너무 미래에, 진짜 1초 뒤도 미래인데, 미래에 일어날 일을 혼자 상상하고 예상하면서 지금의 어떤 삶의 다채로운 감정, 공포 이외에 용기 혹은 내가 시도해 보고 도전해 볼 어떤 많은 것들을 너무 놓치고 있거나 혹은 놓쳐버릴 수도 있겠구나 하는 생각이 들었어요. 그러면서 그냥 다가

올 미래를 너무 걱정하지 말고 현재의 점과 점을 잇는 선으로 살아가야겠다는 생각을 이 책을 보면서 하게 되는 거예요.

버들　저는 이걸 보면서 너무 좋긴 하지만 약간 빈 것 같은 느낌을 받았어요. 그러니까 원래 제가 늦게 태어나기는 했지만 작년에 아빠도 돌아가시고 올해는 또 제 할머니가 돌아가셨는데 '다들 빨리 간다'라는 느낌을 받았거든요. 여기서 말한 죽음은 되게 예쁜데 실제 죽음은 진짜 구질구질하고 굉장히 처연한 거잖아요. 그래서 예쁜 죽음은 없는 것 같은데 그래도 참 정갈하게 마무리하는 느낌을 받았어요.

조한진　또 사실은 알 수 없죠. 당시의 그 현실은.

버들　개인적인 일들, 즉 모르핀 맞고 하시는 과정도 그렇죠. 사실 엄청 힘들었겠지만 차라리 저는 그런 과정이 조금 더 담겨 있었으면 조금 더 감정을 이입해서 볼 수 있지 않았을까 하는 생각이 들었어요. 책에서는 그런 거 너무 말하면 힘드니까 서로 말하지 말고 앞날만 생각하자, 약간 이런 느낌으로 썼잖아요. 그래서 읽으면서 좋긴 했지만 '그 안에 뭔가 있긴 할 텐데 그게 뭘까?' 이런 생각을 하면서 읽었던 것 같아요.

심에스더 　재산이 좀 있는 분이 만약에 죽었는데 명확하게 가족들과 분배를 안 했을 때 좀 난감하죠. 그리고 제일 난감한 건 너무 현실적으로 살아생전에 "야 내가 죽으면 너한테 뭘 줄게." 이랬는데 들은 사람은 기억하는데 문서도 없고 정리도 안 해놓고 죽었어요. 그런데 자기는 들은 게 있으니까 얘기했는데 나머지 가족들은 그런 게 어딨냐 이러면서 갑자기 한동안 알았던 외국에 있는 친척까지 와가지고 그 재산을 어떻게 하려고 하는 모습에서 정말 인류애가 사라진다고 하는 분이 좀 있었어요. 그러니 형제끼리 그런 거는 깔끔하게 사전에 정리를 해 주셔야 된다고 생각해요. (웃음)

버들 　은행부터 가서 계좌를 쫙 봐요. 동생이랑 넣고 빼고 이렇게 보는 거예요. 계좌내역을 쫙 보죠. 그러면서 아빠는 이런 거 다 해놓고 갔어야지 하고 말하죠. 하지만 죽기 전에 그럴 정신이 있겠어요? 그래서 저는 그 부분을 생각을 하면서 '그래 조금이라도 정신이 있을 때 정리를 하는 게 맞지'라는 생각을 해봤어요.

어떻게 죽고 싶나요?

요조 　이 책에서는 '암이 나으면 가장 먼저 뭘 하고 싶으신가요?' 같은 질문을 비판했잖아요. 저도 약간 비슷한 맥락의 바보같은 질문을 여러분께 드려보고 싶어요.

만약에 내 죽음을 내가 선택할 수 있다면, 아프다는 걸 충분히 인지하면서 고통을 느끼는 죽음을 택할 건가요, 아니면 갑작스러운 죽음을 택할 건가요?

버들　제 소원이 그냥 자다가 빨리 죽었으면 좋겠다예요. '어, 죽었네?'라는 느낌으로요. 괴로워할 새 없이 저도 모르게 죽는 것. 한 달만 아프다 죽는다고 해도 저는 못할 것 같아요.

심에스더　저는 일단 갑자기 죽으면 안 돼요. 제 계획이 있거든요. 저는 죽을 병이 있으면 장례식 대신에 제가 살아있을 때 파티하고 싶어요. 진짜 파티를 하면서 내가 아는 사람들 다 같이 모아서 '여기 얘 내 친구고' 이렇게 소개도 해주고 '나 죽으면 얘 이렇게 해죠' 뭐 이렇게 소개도 하고 싶어요. 물론 혼자 슬퍼하고 싶은 사람도 있지만 슬플 때 옆에 누구 같이 슬퍼해 줄 수 있는데 그렇게 못하는 내향형 친구들에게 서로 슬퍼할 수 있는 장을 마련해 주고 싶어요. 마치 나 죽은 후에 '우리 그때 파티에서 봤었죠' 하면서 서로 아는 체 하게 말이에요.

신서희　저도 정신줄을 놓지만 않는다면 한 달 정도만 앓다가 죽으면 좋겠어요. 아는 사람들 다 부르고 인사하고 하고 싶은 얘기하고 그렇게 하다 가면 좋겠다는 생각을 했어요. 근데 만약에 아파야 된다, 정신줄 놓아야 된다

그러면 그냥 바로 가는 게 낫지만 정신줄만 온전하다면 그렇게 마지막 시간을 잘 보내다가 갔으면 좋겠어요. 맥시멈 한 달 반!

조한진　질문 듣고 생각해 봤는데, 저는 어느 한순간에 갑자기 죽음을 맞이한다고 해도 상관 없을 거 같아요. 나도 모르게 죽게 된다고 하더라도 별도의 시간을 갖고 정리하는 일은 큰 의미가 없다는 생각이 들어요.

심에스더　이렇게 남겨진 사람들한테 너무 충격일 수 있잖아요. 약간 신경 쓰이시는지 안 쓰이시는지 궁금해요.

조한진　개인적으로는 제가 없어지면, 모든 것들이 의미 없지 않나 싶어요. 우선, 죽음 이전에 삶의 자세가 중요하다고 생각되고요. 어떠한 죽음이든 그 이후는 생전 삶의 자세로 평가되겠죠.

한오석　저는 그런 생각이 드는 것 같아요. 내가 소중하게 생각했던 사람의 죽음이 슬픈 이유는 '함께 죽음에 대한 두려움을 이겨나갔던 존재가 그 두려움을 극복하지 못했다'는 생각 때문에 그 소중한 사람에 대한 슬픔이 더 가중된다, 이런 생각이 들어요. 그런 의미에서 제 죽음은 그 소중한 사람의 죽음을 극복한 죽음이었으면 좋겠어요.

제 중학교 후배가 세월호 때 하늘나라로 갔거든요. 그래서 그때 팽목항에 가서 많은 일들, 감당하기 어려운 일들을 겪었었는데, 제 후배는 단원고 2학년 1반의 반장이었어요. 그 친구는 먼저 선체 위로 올라왔는데 반장의 책임을 다하기 위해 다시 내려갔다는 거예요. 그리고 자기는 친구들을 구하다가 못 올라왔다는 얘기를 들었는데요. 저는 그 친구의 뜻을 처음에는 받아들이지 못했죠. '왜 하필 그 친구가 죽었을까? 왜 그 친구가 반장이었을까?' 이런 생각을 했었어요. 그런데 제가 지금 한 9년쯤 지나서 생각을 해보는 건 그 친구가 남기고 간 죽음에 의미가 있다는 것이거든요. 그 의미는 '선한 의지'입니다. 이 세상에 '선한 불꽃'을 던지고 갔고, 저는 그 불꽃을 이어받아 불씨를 끄지 않아야 하는 것이죠. 그렇게 후배를 떠나보내며 '선한 의지가 악한 선택을 이기는 세상을 만들겠다'는 다짐을 했습니다. 그래서 그 친구가 남기고 간 죽음의 의미를 내가 이어받아 이룬 다음에는 뭐 그게 어떠한 죽음이든 상관없지 않을까 이런 생각이 드는 것 같습니다. 무거운 이야기네요. 죄송합니다.

요조 근데 저도 공감이 많이 가는 게 죽음을 겪었을 때 주변인은 자연스럽게 그 죽음에서 어떤 의미를 찾아내려고 하는 것 같아요. 이게 인간이라서 또 그런 것일 텐데요. 그래서 이 죽음이 그냥 무모한 죽음이 아니라 뭐가 됐든 의미 있는 죽음이 되어야 된다라고 하는 그런 강박 속에서 의미 있는 죽음이 되기 위해서 내가 뭔가 해야 된다는 책임의식 같은 것도 생기는 것 같고요. 어떻게 보면 그게 인간 죽음의 유산 중에 하나같기도 해요. 오석 님처럼 저한테는 내 동생의 죽음이 제게 어떤 소명을 남긴 셈이죠. 그런 생각이 남겨진 자를 좀 덜 슬프게 하는 것 같아요.

심에스더   예전에 〈딕 존슨이 죽었습니다〉는 다큐멘터리 영화를 봤어요. 한 3년 전에 나온 작품이죠. 이 작품을 만든 딸은 영화감독인데, 아빠가 정신과 의사인데 엄마를 간병하다가 엄마가 먼저 치매로 돌아가시고 본인도 치매에 걸려서 죽음으로 향해 가는 과정을 덤덤하게 보여주는 다큐멘터리에요. 아빠의 죽음을 재치있게 표현하면서도, 딸이 이 영화를 자기 나름의 의미 있는 의식 같은 것으로 만들기 위한 프로젝트 같은 영화였어요.

　거기서 아빠가 딸이 시키는 대로 다 해요. 갑자기 차에 치여서 죽는 아빠, 위에서 뭐가 떨어져서 거기 깔려서 죽는 이런 죽음을 연출로 계속 보여줘요. 아빠가 그 연기를 다 해요. 그리고 너무 연기를 잘해요. (웃음) 그렇게 죽었을 수도 있으니까 그런 죽음을 좀 위트 있게 오히려 보여주면서 사실 아빠는 여러 의미로 죽고 있고 사실 죽음은 우리 가운데 가까이 있고, 이런 것들을 보여주면서 아빠의 사연 그리고 아빠가 천국에서 어떨 것이다 이런 걸 진짜 천국을 막 꾸며가지고 보여주면서 아빠랑 즐거워하죠. 아빠가 발가락에 컴플렉스가 있는데 천국에서는 편하게 다 드러내도 된다는 걸 상징적으로 보여주면서 아빠의 죽음을 준비하고 위로도 하고요. 미리 모의로 장례식도 해요. 진짜 아빠가 돌아가셨다고 생각하고 아빠 지인에게 다 협조를 구해가지고 다 초대를 하는데 아빠는 관에 누워 있고 연출로 친구가 사회를 봐요. 아닌 걸 알면서도 진짜 엄청난 오열을 하거든요. 진짜 오열을 하고 끝나고 나서도 그 울음을 그치지를 못해요. 여든이 다 되신 어르신이 엄청 울면서 이 친구의 죽음을 미리 준비하는 거예요. 그걸 보면서 저는 딕 아저씨는 일단 딸이 감독이라서 좋겠다, 이런 생각도 들었어요. 그러면서 만약에 어떤 이의 죽음에 관한 의미를 그렇게 미리 생각해볼 수 있으면 되게 의미 있겠다는 생각이 들더라고요. 그러면서 남의 이야기지만 저도 약간 따라가게 되더라고요. 그분의 일상생활 속에서 자녀와의 대화, 아내를 간호했던 어떤 한 순간, 건강 관리하기 위해서 했던 노력들, 그런 게 그냥 그 사람한테 평범한 일상인데 제가 그 얘기를 이렇게 수면 위에 드러내놓고 보니까 굉장히 의미 있고 멋지다고 느꼈어요. 진짜 사람이 죽어서 남기는 의미는 어떤 걸까? 약간 그런 생각도 드는 것 같아요. 넷플릭스인가 아마 있을 텐데, 재미있어요. 꼭 보세요.

안녕하신가요? "아니요."

요조 저는 이 책 읽으면서 깜짝 놀랐던 파트가 하나 있었어요. 뭐였냐면 163쪽에 보면 대화 분석에 관한 얘기가 나오잖아요. 사람들이 대화 속에 암묵적으로 공유하는 규칙이 있다는. 거기에서 사람들은 늘 '안녕'에 '안녕'으로 받는다면서 '왜 안녕에는 안녕이라고 답해야 할까요?' 하고 묻잖아요. 근데 예전에 어떤 강연장에서 제가 이 비슷한 얘기를 한 적이 있어요. 《만지고 싶은 기분》이라는 책을 내고 나서 마음산책에서 강연을 할 때였어요. 사람들 만나서 인사할 때 보통 인삿말의 패턴이 있잖아요. 마치 하와유, 아임파인 땡큐 앤유, 아임파인투처럼요. 한국어도 그런 패턴이 있죠. 안녕하세요, 식사하셨어요? 별일 없으시죠? 저도 별일 없어요, 잘 지내요, 언제 식사 한번 해요…. 한 번 이 패턴을 약간 교란시켜 보자는 제안을 한 거죠. 예를 들어 상대방이 안녕하세요~ 잘 지내셨어요? 하면 "아니요."라고 한번 대답해보는 거예요. 그럼 질문한 사람은 예상한 답변이 아니어서 아마도 당황할 것이고, "아니요."라고 말한 사람도 이제 그 이유를 생각하기 시작해야 하겠죠. 굳이 왜? 라고 생각할수도 있지만 또 모르잖아요, 그렇게 시작한 대화가 두 사람을 어디로 데려갈 지는. 그런 차원에서 우리도 그런 익숙한 흐름을 깨는 어떤 그런 얘기를 오늘의 어떤 마무리로서 하면 되게 좋을 것 같아서 (웃음) 한번 그런 제안을 드려볼까 합니다.

저자는 책 앞부분에서 내일 죽더라도 후회가 없을 만큼 오늘을 충실하게 살라는 투의 표현이 되게 기만적으로 느껴진다고 했는데요. 저는 이 얘기가 충격적이었어요. 왜냐하면 언제나 저는 그 얘기에 사로잡혀서 살아왔기 때문이에요. 동생의 죽음이 쓸모없는 일이 되지 않도록 내 오늘을 인생 제일 중요한 문제라고, 그렇게 사는 것이 내 삶의 의미라고 생각하면서 살아왔어요. 그 표현을 완전 전면적으로 뒤집으면서 '그건 너무 기만 아니냐?' 이렇게 되묻는 질문을 마주하니까 진짜 약간 흔들흔들 하더라고요. 이 책에서 미아노 마키코상은 우리가 죽음이라는 종착지만 바라보며 산다면 인생이 줄 수 있는 또 다른 가능성을 발견하지 못할 수도 있지 않느냐는 요지의 말을 하는데요. 그렇다면 내가 당장이라도 죽을 수 있는 사람처럼 사는 것이 아니라 다르게 사는 어떤 하나의 태도를 지녀야 한다면 뭐가 있을까? 그런 생각을 이 책을 읽으면서 좀 했던 것 같아요. 그런 생각을 했던 순간이 너무 좋더라고요. 좋은 어른이 할 법한 올바른 생각은 아니었지만요. 그래서 저는 여러분이 여태 살아왔던, 지배하고 있었던 어떤 그 가치관에서 약간 벗어나서 그냥 상상력도 좋고 비밀도 좋고 뭐가 됐든 그런 삐딱한 여러분만의 이야기를 뭐든 하나 들려주셨으면 좋겠어요. 간단히 꿈꾸는 아주 작은 일탈도 좋고요. 그러면 그것이 진짜 나비효과처럼 여러분의 인생을 어떻게 바꿔놓을지도 모르잖아요.

버들　다짐이라기보다는 읽으면서 저도 2개가 있어요. 사실 궁금해서 하는 게 하나 있어요. 근데 아까 말씀하실 때 계속 미래를 불안해 하신다고 하셨는데요. 저도 근데 그 와중에 아까 말씀하신 것처럼 합리성이나 이런 걸 또 결합시켜서 진짜 그 불안을 온갖 갈래로 확률을 다 따지면서 미친듯이 증폭을 하는 일상은 못 살아요. 그래서 항상 이미 저한테 좋은 거는 그냥 유지하면서 살자, 이런 게 있는 상황인데요.

또 이 책을 읽으면서 '그래 또 내가 우연스럽게 죽을 수도 있는데 맨날 이렇게 고민하던 거 이참에 막 뭘 바꿔볼까' 했어요. 그래서 하나는 오늘 아침에 갔다 왔는데 원래 눈이 되게 잘 꺼지지 않았는데 눈이 엄청 꺼져서 이렇게 주름이 생긴 거예요. 이게 쌍꺼풀처럼 보였는데 주름이 생겼거든요. 그런데 이거를 옛날에 아빠 아프실 때 제 눈 보고 눈이 그렇게 꺼져서 어떡하지 막 이런 얘기를 하다가 진짜 꺼졌었어요. 그런데 여태까지 솔직히 별로 하고 싶은 마음이 없으니까 안 하고 살았는데 계속 불편함을 느끼고 있어요. 근데 망할까 봐 무서운 거예요. 솔직히 지금은 예쁘지 않은데 했다가 마음 좀 이상해질까 봐 어떤 수술을 하려고요. 그래서 오늘 예약을 하고 왔는데 이 책을 읽으면서 '그래 지금 2년 동안 고민했는데 언제 죽을지 모르니까 빨리 이거라도 하고 죽자'. 그래 가자 하고 결심했어요.

<u>심에스더</u> 이거 나중에 책 나왔을 때 사람들이 버들 님 사례 보고 또 용기 얻어가지고 그래 나도 코 세울 거야, 하는 거 아니에요. (웃음) 저도 있어요. 모임장님 말에 공감하는 게, 저도 후회에 대한 게 정말 싫거든요. 후회하기가 싫으니까 지금 되게 최선을 다해야 될 것 같고. 그냥 죽기 직전에 잠깐 후회하면 상관은 없는데 나중에 막 후회하는 삶을 사는 게 너무 싫으니까 지금 좀 강박적으로 최선을 다해야 될 것 같은 거예요. 그런데 제 강박이랑 제 주변에 다른 분의 강박은 좀 차원이 다르긴 하더라고요. (웃음)

저는 늘 최선을 다했는데, 어떤 사람은 저한테 지금 이 강박적인 최선이 진짜냐고 의문을 표하는 거예요. 난 진짜다, 내 머릿속은 계속 노력을 하고 있었거든요. 저는 진짜 머리가 팽팽 돌아요. 그런데 제가 이 책을 읽고 '그래 내 가치관이 너무 최선의 합리적인 선택을 한다'고 봤지요. 제가 정말 못하는 게 뭐냐면 지친다는 말을 못해요. 그 말이 저는 상대방에게 너무 큰 부담을 준다고 생각이 들거든요. 그래서 항상 제 주변 사람들이 "에스더는 다른 사람에 비해서 에너지가 더 많다."라고 얘기해요. 인정하는 부분도 있고, 에너지가 있는 부분 플러스 그것에 힘을 입어서 더 열심히 하는 것도 있어요. 그런데 사람인데, 그러니까 제가 말하는 건 꼭 물리적인

힘이 아니더라도 마음의 에너지라는 것도 있잖아요. 배려하고 세심하게 챙기고, 상대방이 나를 기분 나쁘게 했을 때 바로 화내지 않고 좋게 설명하려는 것도 다 에너지거든요. 그리고 일단 나쁜 감정이 드는 사안을 그냥 무조건 참는 게 아니라 또 성숙하고 PC(Political Correctness, 정치적 올바름)한 사람으로서 살아가기 위해서 흡수하고 또 말한 것처럼 꼰대 안 되려고 이렇게 제 아래 세대한테 꼰대 안 되려고 더 노력해야 되고 이런 게 사실은 다 에너지인 것 같아요. 그런 부분까지 신경쓰려다 보니 더 에너지가 필요하기도 하고요.

요조   여자들은 대체로 다 그런 에너지를 많이 쓰죠.

심에스더   더 많이 쓰죠. 그리고 상냥하면서도 신경써서 대해야 할 것들이 참 많죠. 그런데 게다가 이제 페미니스트로서 진취적이기까지 해야 되는데 그러면서도 기분 나쁘게 말하지 않아야 되고 또 강의를 하면 서비스직이니까 막 지치게도 되잖아요. 강의 들은 사람이 뭐라고 물어보면 '너무 좋은 질문이에요' 하면서도 속으로는 아닌데 그리고는 또 그걸 설명해 주죠. 어떤 면에서 제가 쉬기도 해야 되고 지친다고 표현하면서 배려도 받아야 되는데, 최선을 다한다는 명목 아래 그런 기회가 없었다는 생각이 드는 거예요. 왜냐하면 지쳤다고 말하는 순간 진짜 지치게 될까 봐 그 말을 못하죠. 내가 지친 사람이 된 순간 어떤 내가 갖고 있었던 좋은 이런 기운도 그냥 지친 사람으로 낙인찍힐 것만 같아 사실 두려운 거죠. 그런데 제가 책을 읽으면서 엄청 울었어요. 제가 이 내용을 사실 월요일에 강의를 하러 짧게 비행기를 타고 가면서 읽었는데, 한 대목에서 저도 모르게 엄청 울었어요. 제 모습이 연상이 돼서 그랬겠죠. 그러면서 제가 지쳤다는 말을 하고 싶은데 그 말을 안 하고 있었다는 걸 깨닫게 되면서 인생에서 중요하다고 생각하는 것을 놓치고 있지 않았나 하고 딱 머리를 뭐로 얻어맞은 기분이 들었어요. 그래서 '이제 나도 다 지쳤어' 이건 아니지만 좀 힘듦을 말해줘야 된다고 생각해서, 친한 사람에게 차례차례 했어요. 되게 용기를 내서 말했죠. 그런데 제 말에 되게 깜짝 놀라는 사람이 있었어요. "니가 지친다고?" "야 나도 지쳐. 약간 지친 것 같아. 좀 쉬고 싶어. 근데 약간 쉬어야 될 것 같아." 하면서 이런 상황을 설명하고 지쳤다고 얘기하고 그리고 조금씩 제 상황을 그냥 숨기지 않고 얘기했어요. 그러니까 이게 해소가 되더라고요. 진짜 저 깜짝 놀랐어요. 지쳤다고 말을 하니까 약간 회복이 되는 느낌이 들었어요. 말로만 했는데, 해소가 되다니. 제가 얼마나 최선을 다해야 한다는 강박증에 사로잡혀 있었던지를 알겠더라고요. 어떤 것들이 저를 되게 가로막고 있었나보다, 내 안에 되게 고민된 게 있었나, 이 말 한마디를 안 해가지고 지쳤다고 말하니까 회복이 되면서 다시 막 기분이 업 될 것 같았어요. 그래서 말로만 했는데, 해소가 되다니. 제가 얼마나 최선을 다해야 한다는 강박증에 사로잡혀 있었던지를 알겠더라고요. 이 상태를 유지해 보려고 노력하고 있어요.

버들 추가적으로 부딪친다고 얘기를 잘 못하셨는데 결국 했다고 하셨잖아요. 근데 저도 최근부터 그렇게 하긴 했거든요. 전 그래서 여름에 진짜로 많이 지쳐요. 여름에 날씨도 그렇고 그래서 진짜 약간 더우면 그 에너지가 다 소진돼서 원래 알람 없어도 5시에 눈 떠가지고 막 설거지하고 책 읽고 막 이래서 출근을 하는데 이제는 막 7시 반 이게 딱 느껴지거든요. 여름에 짜증도 많아지고 막 이래요. 이렇게 말해놓고 나니까 오히려 괜찮네, 약간 이런 생각이 들었어요.

심에스더 제가 아는 운동치료 선생님은 날씨가 감정 변화에 너무 큰 영향을 미친다고, 그것 때문에 영향도 있다는 걸 생각하라고 하시더라고요. 이렇게 습하고 지금 기후가 막 바뀌잖아요. 인간의 몸이 새로운 환경에 적응하는 건 굉장한 무리가 되는 거라는데, 그래서 저는 여름까지 '난 지쳐도 돼. 약간 그래도 돼'라고 자기 암시를 걸었거든요. 그러니까 조금 지친 것에 대해선 스트레스 받으며 '내가 왜 이렇게 지쳤을까' 이런 생각이 들기보다는 '여름이라 지친거야' 이렇게 스스로 변명하게 됐는데, 좋았어요.

조한진 되게 꿀팁이네요. 기간도 마음대로 정할 수 있
고. 친구들과 '내가 말이야, 가을에는 원래 좀 우울하고,
일도 잘 안 되고 그런 거야' 하면서요. (웃음)

신서희 저는 두 분과 완전 정반대의 일탈을 하고 싶어
요. 저도 에너지가 되게 많은 편이고 사람들이 저더러
'어쩜 이렇게 에너지가 많냐. 이것도 하고 싶고 저것도
하고 싶고 하고 싶은 게 백만 개네'라고 말하거든요. 그
런데 사실 저의 모토는 '최선을 다하지 않는다'예요. 언
제나 80%만 한다, 워라밸이 가장 중요하다, 이게 저의
모토였어요. 덕분에 여간해선 지치지 않고 감정 기복 크
지 않고 그냥 그렇게 쭉 살아왔는데 이분은 정말 목숨이
다할 때까지 하시잖아요.

　이분을 보면서 나는 내 삶에 이래 본 적이 있나 싶은
생각이 드는 거예요. 살면서 한 번도 그래 본 적이 없는
것 같아요. 심지어 사람들이 '너는 공무원이 되지 말았어
야 할 사람인데 어쩌다 공무원이 됐냐' 하거든요. 늘 자
유로움을 꿈꾸고 뭘 또 새로운 일을 해볼까, 이 일도 재
밌지만 이 일 말고 또 다른 것도 해보면 재밌겠다, 이런
생각을 하면서 어디에도 최선을 다하지 않고 살아요. 어
쩌면 최선을 다하지 않기 위해서 최선을 다하는 것 같아
요. 에너지가 많긴 하지만 다 얕고 넓은 에너지이기 때
문에 어떤 일에 완전히 소진하는 것도 참 멋지겠다는 생
각이 들었어요. 솔직히 이렇게 하겠다는 결심까지는 아

직 못하겠지만, 이런 삶도 참 멋지다는 생각이 들면서 저와 너무 정반대여서 참 신기하기도 했어요.

한오석　저는 음악만 하는 삶을 살고 싶다, 이런 생각이 드는 것 같아요. 저는 제가 예고 때부터 대학교까지 성악을 하며 음악의 깊이를 추구해 갔던 삶이 좋거든요. 새로운 노래를 공부하고, 음원을 듣고, 나만의 음악을 만들어가고, 이렇게 저렇게 표현해보고, 그런 건데요. 지금은 제가 이루기 좀 어려운 꿈이어서 그런 생각이 드는 것 같아요. 그렇지만 그런 삶으로 다시 돌아간다면 행복할 것 같아요.

조한진　교회 안에서도 음악할 게 많지 않나요?

한오석　그렇죠. 제가 음악을 안 하는 건 아닌데요. 제가 이루고 싶었던 꿈은 유학도 가야 하고, 금전적인 부분도 있고 여러 가지 생각했을 때 유학이나 이런 거는 적합하지 않다, 뭐 이런 결론을 내리긴 했었는데 근데 음악만 하면서 사는 삶을 살 수 있다면 그게 후회는 없는 삶일 것 같다, 이런 생각이 드네요.

조한진　책의 내용 중에 '캐치볼 대화'가 있어요. 사람 사이에 오고가는 이야기를 캐치볼에 비유해서, 대화는 캐치볼처럼 던지고 받는 재미가 있어야 하는데, 공을 손에 꼭 쥐고 실수없이 건네주기만 하는 것은 바람직한 대화가 아니라는 내용이에요. 뻔하고 하기 쉬운 이야기만 건네는 것은 캐치볼이 아닌 것이죠. 여기에서 마오는 마키코한테 마지막 순간까지 '계속 쓰라'고 말하는데 사실은 그 말보다는 '이제 그만 쉬어'라고 말하기가 훨씬 더 쉽지 않았을까? 라고 생각되었어요. 저를 돌아보면, 하고 싶은 얘기가 있는데도, 여러 가지 이유로 그 말을 하지 않고, 그냥 뻔한 얘기들로 얼버무리는 경우가 많았어요. 특히 심한 곳이 단톡방 대화창. 이곳에서 하루에도 몇 번씩 아주 당연하고 뻔한 이야기를 주고받죠. 이제부터는 그런 것보다는, 진짜 하고 싶은 얘기들을 찾아서 하루에 한번씩이라도 해보면 어떨까 하는 생각을 해봤어요. 그것이 캐치볼이 되어서 다시 재미있는 공으로 나에게 돌아오지 않을까. 그래서 이것을 실천해 봐야겠다고 다짐해 봅니다.

요조   의외로 저는 그 힘이 작지 않을 거라는 생각이 들어요. 아까도 잘 지내냐는 질문에 아니요라고 대답하자는 제안이 그냥 말장난 같지만 마냥 아무것도 아닐 것 같지는 않거든요. 그리고 이게 진짜 의외로 되게 어려워요. 그 작은 대화에 드는 에너지도 작지 않기 때문에 이게 또 우리를 어떻게 바꿔나갈지는 모르는 일이라는 생각이 들어요. 그런 의미에서 진짜 늘 판에 박힌 어떤 대화에서 좀 벗어나서 캐치볼을 하는 심정으로 '패스를 한

번 해보겠다'라는 다짐이 제게는 되게 멋지게 들립니다.

책 속 두 저자가 이토록 신뢰감이 쌓인 깊이 있는 대화를 나누는데 실제로 만난 횟수가 얼마 되지 않는다는 사실도 놀랍죠. 우리들의 만남도 그렇지 않나요? 우리들이 고작 네 번 만난 사이라는 게 믿겨지지 않아요.

내 세계를 특별하게 만들어준 예술작품

요조　오늘 대화의 주제가 '죽음'에 관한 내용이다 보니 마지막 대화 시간이 좀 장중하고 무겁게 진행된 느낌이 있네요. 마지막으로 여러분의 인생을 여느 때보다 특별하게 해준 작품이 무엇인지 여쭤보고 싶네요. 혹시 여러분에게 특별한 세계를 만들어준 작가나 작품이 있나요? 저한테는 무라카미 하루키, 그중에서도 《1Q84》가 그렇습니다.

심에스더　그렇구나!

요조　그 책이 제 인생을 통틀어서 제일은 아니지만 확실히 그 책을 읽을 때 저한테 어떤 세계를 선사해줬던 건 분명해요. 보통 책을 펼치면 본문 시작하기 전 맨 앞장에 짧은 문구 같은 거 적혀 있는 경우가 있잖아요. 무슨 유명한 아포리즘이나 시구절이나 이런 것.

심에스더　　맞아 맞아. 경구, 금언 등등.

요조　　《1Q84》를 펼치면 맨 앞부분에 노래 가사가 하나 적혀 있거든요. 그런데 그 노래 가사가 무슨 내용이냐면 '이 세계는 다 꾸며낸 세계 다 구경거리의 세계지만 당신이 나를 믿어준다면 모든 것은 다 진실이 될 거야'라는 노래 가사예요. 근데 그것부터가 그 당시의 저에게 강렬하게 와닿더라고요. 그게 〈It's only a paper moon〉이라는 되게 유명한 재즈곡 가사인데, 암튼 그 부분을 지나 본문을 읽으면서 완전히 그 세계에 빠지게 되어버려서 그 남자 주인공이 덴고라는 이름인데 한동안 제가 덴고에게 일기를 쓸 정도였어요.

심에스더　　좀 무섭다. 근데. (웃음)

요조　　그건 정말 제가 사로잡힌 거잖아요. 심지어 제가 그 책 읽은 게 어린애 때 읽은 것도 아니고. 29살이었을 거예요. 29살에 읽은 책인데 덴고한테 편지를 일기로 썼다는 게 얼마나 웃겨요. 지금은 줄거리도 가물가물하거든요. 너무 오래전이라서. 근데 어쨌든 이 소설은 그때 당시에 내 삶의 일부를 완전히 사로잡아서 나한테 어떤 세계 하나를 줬구나 그런 생각이 들고… 그런 책을 만나기가 쉽지 않잖아요.

심에스더 하루키 소설의 주인공들은 근데 다 너무 성실한 것 같아요. 저는 하루키 소설을 보면서 그 주인공이 운동을 안 하는 주인공을 본 적이 없어요. 진짜로. 그러니까 거기 나오는 주인공들은 다 다 운동을 해.

요조 음악 좋아하고 요리 잘하고.

심에스더 항상 일정한 시간에 주인공이 소년인 경우에도 항상 운동을 해서 자기 몸을 만들고 그래요. 근데 하루키 본인이 그러시잖아요. 항상 성실하게. 흔히 말하는 왜 예술가는 막 게으르고 자기 맘대로 하고 싶은 거 하잖아요. 그런데 이분은 딱 일어나서 운동하고 아침에 딱 소설 쓰고 하잖아요.

요조 다른 분은 어떠세요? 자신을 짧게나마 사로잡았던 작가나 작품 없었나요?

버들 저는 짧게가 아니라 그냥 《토지》를 다 읽었었는데 애초에 책들이 권수가 많다 보니까 저는 한 1년 넘게 읽었거든요.

요조 대단하다. 젊은 사람 중에 그 책 다 읽은 사람 처음 봐요.

버들   1년을 제가 등장인물들과 같이 보낸 것 같은 기분이었어요. 왜냐하면 거기 몇 세대가 나오잖아요. 제가 원래 책 읽으면 다 까먹는데, 《토지》에 나온 인물들은 하나도 안 까먹은 것 같아요.

요조   진짜요?

버들   처음에는 약간 객기로 '내가 이걸 다 읽어본다' 약간 이런 마음으로 했다가 나중에는 한 3~4권씩 넘어가니까 재밌는데 갑자기 이 인물이 어떻게 되는지 너무 궁금한 거예요. 저희 조상들이 살았던 실제를 바탕으로 한 거니까요. 저도 사실 세부 내용은 잘 기억이 안 나는데, 그냥 인간 삶이 이런 거구나 느끼면서 한 1년을 계속 읽었어요. 그러면서 장편 소설의 재미도 알게 된 것 같기도 하고요.

요조   너무 대단하다.

버들   읽으면서 뭔가 그냥 통달하는 기분을 느꼈어요. 왜냐하면 거기에 사람이 계속 죽거든요. 할머니가 죽었고 엄마가 죽었고 다시 또 애가 태어나고 이게 계속 나오니까 거의 머릿속에 약간 가죽처럼 남아 있는 것 같아요. 그게 저는 좀 재밌는 경험이었어요. 50대에 한번 더 읽어보고 싶어요.

한오석   저는 책이 아닌데요. 제가 중학교 2학년 때 본 쓰리테너 영상이 있습니다.

심에스더   루치아노 파파로티.

한오석   세계 3대 테너. 이렇게 부르는데, 그거를 제가 중학교 2학년 때 다 보고 바로 어머니한테 가서 '저 전공할래요' 이렇게 말씀을 드렸어요. 그리고 그 중에서 플라시도 도밍고가 부른 〈멈출 수 없는 사랑 (Amor ti vieta)〉이라는 아리아가 있는데요. 그거를 플라시도 도밍고가 진짜 너무 잘 부르거든요.

심에스더   중학교 때 봤는데도 그게 생생하게 기억에 남았나요?

한오석   어렸을 때부터 동요를 하긴 했는데요. 노래에 대해서 별 생각이 없다가 그 영상을 보고 나서 '나도 이런 노래를 하고 싶다' 이런 생각이 들었어요. 그래서 전공을 하고 싶다고 말씀드리고 교수님한테 레슨 받고 예고를 들어가게 된 건데요.

요조   우와.

한오석   근데 진짜 들으면 눈물이 나요. 그때가 중학교

기숙사 생활을 할 때인데, 그 노래를 mp3에 넣어가지고 잘 때마다 듣고 감동해서 울고 그랬어요. 쓰리테너 콘서트가 90년도, 94년도, 98년도 이렇게 4년마다 열렸는데 그중에 저는 94년도가 제일 좋았던 것 같아요.

요조　보통 저는 그때쯤에 뉴키즈 온더 블록 영상 보고 그랬는데.

심에스더　그래서 진짜 끌리는 게 다 있구나. 되게 신기하다. 저도 영화 같아요. 저는 좀 약간 영화를 되게 좋아하는 편이거든요. 그렇다고 또 진짜 막 저희 윗세대 헐리우드 키드 같이 그런 정도는 아니고요. 저는 넓고 얕은 편인데 영화를 진짜 좀 좋아해가지고 되게 닥치는 대로 정말 장르를 가리지 않고 보는 편이에요. 그래서 마블도 다 좋아하고 독립영화도 좋아하고.

신서희　저는 영화나 책보다는 여행이요.

심에스더　너무 멋있다.

신서희　저는 여행하면서 일상을 끊어서 사는 법을 배운 거 같아요. 여행을 하면 원래의 일상은 잠시 멈춰지고 여행에서의 일상이 새롭게 시작되잖아요. 공항에서 여권 심사대를 통과함과 동시에 완전히 새로운 일상이 시작되는 거죠. 오로지 여행지에서 시간을 어떻게 보낼지만 생각하는 완벽하게 단순한 일상이요. 여행지에서 아예 다른 일상을 사는 시간을 통해서 제가 좀 회복되고 스트레스도 없어지고 다른 생각들을 하고 그걸 친구들과도 나누게 되는 거 같아요. 여행을 통해서 내가 사는 세상이 다가 아니고 이 직업, 이 직장이 다가 아니구나 생각하면서 시야도 넓어지고 세계관이 확장되는 느낌이랄까요. 좀 거창하지만, 새로운 삶을 살아가는 연습을 할 수 있는 게 여행인 것 같아요. 여행지에서 들었던 음악, 여행지에서 읽었던 책, 여행지에서 했던 생각과 이야기들, 그 순간의 느낌, 이런 게 되게 오랫동안 기억에 남기도 하구요. 이렇게 일상을 끊어서 사는 연습을 하면서 제 스스로 정서 조절이 좀 되는 게 아닐까 싶네요.

심에스더   그러게요. 여행 가고 싶다.

조한진   저에게는 어려운 질문같아요. '내 세계를 특별하게 만들어준 작품'이라…. 저는 외국 작가 중에 알랭드 보통을 좋아하고, 책 중에는 《참을 수 없는 존재의 가벼움》이라는 책을 좋아해요. 우리나라 임경선 작가님 작품도 좋아하고요. 그런데, 이들이 내 세계를 특별하게 만들어 주었다고 까지는 생각하지 못하겠어요. 아, 생각하다 보니 머리에 스치는 작품이 있어요. 〈나의 아저씨〉라는 드라마에요. 세 번은 본 것 같아요. 볼 때마다 몇

포인트에서는 울기도 하고, 뭐랄까 좀 위안도 많이 얻었고 나에게 여러 가지로 힘을 준 드라마였던 것 같아요.

요조 네, 좋네요. 네 번의 독서모임은 아쉽지만 마쳐야 겠습니다. 이번 책을 비롯한 나머지 세 권의 독서를 통해 나눈 대화가 모두에게 좋은 기억으로 오래 남았으면 좋겠어요. 자, 그럼 이 자리는 서둘러 정리하고 우리 이제 맛있는 거 먹으러 가요. 거기서 못다한 얘기 나눠요.

대화의 대화
우리의 대화는 불가능하다

초판 1쇄   2024년 1월 30일 발행

지은이   요조, 버들, 신서희, 심에스더, 조한진, 한오석

기획편집   맹준혁
디자인   조주희
마케팅   최재희, 신재철, 김예리
인쇄   한영문화사

펴낸이   김현종
펴낸곳   (주)메디치미디어
경영지원   이민주, 김도원
등록일   2008년 8월 20일 제300-2008-76호
주소   서울특별시 중구 중림로7길 4, 3층
전화/팩스   02-735-3308 / 02-735-3309
이메일   medici@medicimedia.co.kr
페이스북   medicimedia
인스타그램   medicimedia
홈페이지   medicimedia.co.kr

ISBN 979-11-5706-956-9 (03190)
     979-11-5706-335-2 (세트)

중림서재는 독서와 문화에 관해 더 나은 대안을 제시하는
메디치미디어의 브랜드입니다.